排球运动教学与训练研究

◎杜志峰 著

湘潭大学出版社
XIANGTAN UNIVERSITY PRESS

前言

排球运动，自诞生之日起便以其独特的魅力吸引着广大运动爱好者。作为一项深受人们喜爱的体育运动。在排球运动的发展历程中，我们见证了技术的不断创新、规则的逐步完善以及竞技水平的持续提升。随着时代的进步和社会的发展，排球运动的教学、训练和竞赛等方面都取得了显著进步。现代排球运动不仅注重技术的精湛和战术的多样，更强调运动员的体能、心理和智能等多方面的素质。因此，对排球运动发展及其技能训练进行深入研究，对于提高运动员的竞技水平、推动排球运动的普及与发展具有重要意义。

本书从排球运动的发展概述入手，探究了排球运动的起源、竞赛组织及其可持续发展。在教学与训练理论方面，本书深入剖析了排球运动的基本原则和有效教学模式。在基础技术训练方面，本书逐步展开对各种技术动作的训练方法和技巧的介绍，有助于运动员掌握正确的技术动作，提高技术水平。在战术训练方面，本书从排球运动战术基础出发，分析了不同战术的运用原则和技巧。此外，本书还针对排球运动的专项体能训练进行了全面介绍。通过多方面的训练，帮助运动员全面提升身体素质，为在比赛中发挥出色表现提供有力保障。

本书的特点在于其全面性和实用性。从理论到实践，从基础到高级，本书涵盖了排球运动的各个方面。通过阅读本书，读者可以全面了解排球运动的发展趋势、教学与训练方法，为推动排球运动的普及和提高提供有力支持。

本书在写作的过程中得到许多专家学者的指导和帮助，在此表示诚挚的谢意。书中所涉及的内容难免有疏漏与不够严谨之处，希望读者和专家能够积极批评指正，以待进一步修改。

目　录

第一章 概述

第一节 排球运动

一、排球运动基本知识

（一）排球运动概念

排球运动是一项由两支人数相等的球队参与的体育项目，球队被球网隔开，分为两个均等的场区。比赛的目的是根据规则，以身体任何部位将球从网上击入对方场区而不使其在本方场区内落地。排球运动起源于美国，由美国麻省好利诺城青年会体育干事威廉·摩根于1895年创造。最初，这项运动被称为“vollyball”，意即“空中飞球”，开始是用篮球胆在网球网的两边拍来拍去，使球不落地的一种游戏。随着技术水平的提高，规则也逐渐形成。排球运动的发展经历了从美国到其他国家的传播和演变，成为一项风靡美洲的时尚运动。

排球运动的比赛形式经历了从16人制到12人制、再到9人制、最后到6人制的演变过程。1947年，国际排球联合会（FIVB）在巴黎成立，标志着排球运动正式成为一项国际化的体育运动项目。自1949年第一届世界男子排球锦标赛以来，排球运动得到了广泛的推广和普及，成为世界上仅次于足球的广为普及的运动项目。

（二）排球运动作用

排球运动的功能是丰富多样的，不仅可以带来身体上的益处，还可以培养团队合作、提高协调能力和促进社交交流。

第一，身体锻炼：排球运动是一项全身性的运动，可以锻炼身体的力量、速度、灵活性和耐力。通过跳跃、扑球、传球和攻击动作,能够有效地增强肌肉力量和心肺功能。

第二,培养团队合作:排球运动是一项团队运动,需要队员之间紧密配合和默契配合。通过传球、扣球等动作,队员们需要相互支持和协作,培养团队合作能力和团队精神。

第三,提高协调能力:排球运动需要队员具备良好的眼手协调能力和身体控制能力。通过经常练习接球、传球和扣球等技术动作,可以提高身体的协调性和反应能力。

第四,促进社交交流:排球运动是一项集体运动,可以为人们提供结识新朋友和拓展社交圈的机会。在比赛中,队员们需要与队友和对手进行交流和沟通,增进了解和友谊。

第五,培养竞争精神:排球运动是一项竞技性较强的运动,让人们有机会锻炼竞争意识和应对压力的能力。在比赛中,队员们需要保持专注、冷静和灵活应对对手的攻击和策略,培养了应变能力和竞争精神。

总之,排球运动不仅可以使身体健康,还可以培养团队合作、提高协调能力和促进社交交流。无论是在学校、社区还是俱乐部,参与排球运动都能够获得很多的益处,并享受到与他人合作和竞争的乐趣。

(三)排球运动特点

排球运动是一种具有高度协作性、多样技术动作、强烈竞争性和明显节奏感的运动,它不仅能锻炼身体素质和技术能力,也能培养团队精神和竞争意识,是一种富有魅力和挑战的运动。

第一,高度的协作性。排球运动要求每个队员都能在进攻和防守中发挥自己的作用,同时与队友之间保持良好的配合和沟通。每次进攻都需要至少三次传球,每次防守都需要及时补位和支援。没有任何一个队员可以独自完成一次得分或阻止对方得分,只有团结协作才能取得胜利。

第二,多样的技术动作。排球运动涉及多种技术动作,如发球、接发球、二传、扣球、拦网、挖球等，每种动作都有其特定的要求和技巧。排球运动员需要掌握各种技术动作，并能根据比赛情况灵活运用。同时，排球运动也不断创新和发展，出现了一些新的技术动作，如跳发球、快攻、后排进攻等，增加了排球运动的难度和趣味性。

第三，强烈的竞争性。排球运动是一种对抗性很强的运动，每一分都是双方争夺的结果。排球运动员需要具备高度的竞争意识和斗志，不轻易放弃任何一个机会，不畏惧任何一个对手。同时，排球运动也需要遵守比赛规则和体育道德，尊重对手和裁判，保持良好的比赛秩序和氛围。

第四，明显的节奏感。排球运动有着明显的节奏感，每一局比赛都是由一次次得分或失分组成的。排球运动员需要根据比赛节奏调整自己的心理和状态，把握好每一个关键时刻。同时，排球运动也需要配合音乐和观众的欢呼声，营造出一种激情四溢的气氛。

二、排球运动的发展概况

（一）排球运动起源

排球运动始于1895年，创始人是美国马萨诸塞州的霍利沃克城基督教青年会干事威廉·莫根。他在辅导人们进行不同的体育锻炼时，体会到不同类型的体育运动适合不同人群。如当时正流行的篮球运动因运动量较大，较适合青年人。为此他想要寻找一种较为柔和、运动量适当的运动来满足中老年人的需要。威廉·摩根开始结合篮球、棒球、网球以及手球等运动项目的特点，进行各种试验。最初，威廉·摩根在篮球场上架起网球网（高约1.98米），并使用篮球胆作为球，让人们隔着网回击。然而，篮球胆太轻且飘忽不定，后改用篮球，但篮球又太重，导致飞行速度慢且难以隔网击打。经过多次试验，制作出了与现代排球相近的、外表为皮制、内装橡皮球胆的球，其圆周为25 ~ 27英寸（63.5 ~ 68.6厘米），重量为9 ~ 12盎司（225 ~ 340克），即第一代排球，从而正式诞生了排球运动。

1896年，美国开始举行排球比赛。第一部规则就发表在1896年7月出版的美国《体育》杂志上。最初排球比赛没有人数规定，赛前由双方临时商定，双方人数相等即可。很快排球在美国受到各教会、学校和社会的广泛重视，同时也被列为军事体育项目。

排球运动在美国问世后，由美国的传教士和驻外国的军官、士兵带到世界各地。由于排球运动传入的时间及采用的规则不同，世界各地的排球运动形式也不同。

美国是排球的故乡，因此6人制排球传入美洲其他地区的时间比较早。1900年首先传入加拿大，1905年传入古巴，1912年传入乌拉圭，1914年传入墨西哥。

排球传入亚洲的时间也比较早，约在1900年，先后传入印度、中国、日本和菲律宾等国。排球传入亚洲后，采用规则与美国排球规则有很多不同之处，经历16人制—12人制—9人制—6人制的演变过程。

欧洲的排球是第一次世界大战时由美国士兵带去的，1917年最早出现在法国，然后才传到苏联、波兰等国。排球传入欧洲虽晚，但因传入的为6人制，竞技性已渐成熟，所以发展较快。

美国虽为排球的故乡，但长期没有把排球作为一种竞技项目来发展，而是主要用于休闲和娱乐，所以技术水平发展较慢。

国际排球联合会(简称国际排联)的成立，标志着排球已成为世界性的竞技体育运动。排球由于自身的魅力——技、战术发展较快，比赛中的对抗越来越激烈，吸引了大量的观众。到1956年，国际排联的会员国已发展到80多个，参加世界排球锦标赛的队伍也明显增加，这些都为排球进入奥运会打下了坚实的基础。

为了使排球比赛在东京奥运会上成为正式比赛项目，除国际上许多排球界人士外，日本在此期间也做了艰苦的努力。经过大会的表决，决定将排球作为1964年东京奥运会的正式比赛项目。在东京奥运会上，规定男子项目有10

支参赛队,女子项目有6支参赛队。从此,排球运动成为奥运会的正式比赛项目,排球运动也进入一个崭新的发展时期。

在排球运动的发展过程中,根据各种群体的需要,又派生出其他休闲排球运动方式,现在排球已成为一个“大家庭”,除奥运会的室内6人制排球、沙滩排球外,还有软式排球、气排球、9人制排球、小排球以及残疾人排球等休闲排球运动。

(二)世界排球运动的发展阶段

世界排球运动的发展百余年来大体经历了3个阶段:从娱乐排球向竞技排球的过渡阶段,竞技排球的迅猛发展阶段,竞技排球的多元化和娱乐排球的再兴起阶段。

1.娱乐向竞技排球的演变阶段

排球运动起源于为中老年人锻炼身体而创造的一种娱乐性游戏活动。人们对球进行隔网拍打,互相嬉戏,以使球不落地为乐趣。起初无技术可言,双方只是争取用手一次将球击过网,若不能一次将球击过去,会有同伴再击。人们在游戏过程中逐渐体会到,一次击球过网不一定是最佳方式,有时从前场近网处甚至跳起击球过网,反而能创造更好的获胜机会。这样便出现多次击球的打法,以寻找最佳时机或为技术更好的同伴创造得分机会,形成集体配合战术的雏形。后来人们又发现,一方无休止地击球也不合理,于是出现击球至多3次必须过网的规定。这一规定的产生使单一的拍击动作开始分化为传球和扣球两种技术。富有攻击性的扣球技术的出现吸引了更多年轻人的参与,使单纯以娱乐、游戏为目的的排球运动逐渐增添了激烈的对抗色彩。为应对扣球又出现拦网技术,发球也采用增加力量的侧面上手球,至此排球运动产生了质的飞跃。排球运动的竞技性、对抗性的加强,引起人们对比赛规则的重视。1921—1938年,排球规则经过多次修改和完善,发、传、扣球及拦网已成为当时的四大基础技术。在运用各项技术的同时,场上队员形成有意识、有目的、有组织的战术配合,也出现位置分工。到20世纪30年代末,排球战术进一步发展，为对付集体拦网及扣、吊结合的打法，出现与之相应的拦网保护战术系统。这一阶段排球运动的特点是从娱乐排球逐渐向竞技排球过渡，但国际上的比赛还没有统一的竞赛规则、竞赛制度和竞赛组织。

2.竞技排球的快速发展阶段

第二次世界大战后，一些国家相继成立排球协会。人们希望有个统一的组织去开展国际上的排球竞赛与交流。1946年，法国、捷克斯洛伐克、波兰倡议成立国际排球联合会。1947年，国际排联在巴黎成立，有14个国家的排球协会负责人出席会议，选举法国的保尔·李伯为第一任主席。此次大会制定国际排联宪章，成立技术委员会、竞赛委员会和裁判委员会，并正式出台通用的排球竞赛规则。国际排联的成立标志着排球运动从此摆脱娱乐游戏的性质而进入竞技排球的新阶段。

国际排联成立后组织了一系列国际性的大赛，如第一届欧洲男子（1948年）、女子（1949年）排球锦标赛，第一届世界男子（1949年）、女子（1952年）排球锦标赛，第一届世界杯男子（1965年）、女子（1973年）排球赛，第一届世界青年男子、女子（1977年）排球锦标赛和奥运会男子、女子（1964年）排球赛。这些国际比赛之后每隔4年举行一次，一直延续至今。此外，国际排联下属的各洲联合会也定期组办锦标赛、洲运动会排球赛、洲青年锦标赛等。在众多的大型比赛和广泛的国际交往促进下，排球运动的技、战术得到蓬勃发展。20世纪50年代，东欧一些国家排球技术水平较高。苏联男、女排均以身高体壮、扣球力量大且凶狠成为当时“力量派”的代表，曾多次蝉联世界冠军。捷克斯洛伐克男排是当时“技巧派”的代表，他们以扣球线路变化和控制球的落点为特色，扣球轻重结合，是“力量派”的主要对手，但在实际抗衡中仍是“力量派”占上风。

20世纪六七十年代初是排球技、战术发展较快的时期，世界排坛呈现出不同流派各显特色、不同风格先后称雄的局面。20世纪60年代初，日本女排在大松博文教练的带领下开创滚动救球、小臂垫球及勾手飘球技术，突破了以苏联、东欧为标准的技术模式，从此将苏联女排独霸世界冠军的历史改写。日本女子排球在技术上的三大发明是排球技、战术史上的一次重大革命，为排球运动的发展做出极大贡献。这一时期的女子排球，是以日本为首的“防守加配合”和以苏联为首的“进攻加力量”打法的抗衡，平分8届大赛的金牌，世界女排进入日苏对垒的时代。

1965年，国际排联对规则进行修改：允许手过网拦网。规则一改变，当时男子“力量派”打法就不占优势，德意志民主共和国队则以突出高大队员的“超手扣球”解决问题，并连续两年取得世界冠军，因而被称为“高度派”。当时中国男排针对拦网规则的变化开创“盖帽拦网”和“平拉开扣球”技术，开创“小个子打大个子”的先河。日本男排很快在学习我国“平拉开扣球”和“近体扣球”的基础上出现“短平快”“时间差”“位置差”等进攻打法。1972年在第20届奥运会上击败以高度著称的德意志民主共和国队，为亚洲夺得首枚奥运会男子排球赛的金牌。至此，以中国队和日本队为代表的“速度派”开始形成。这一时期男子排球四大流派的对峙繁荣了排球的技、战术打法。这时的排球运动逐渐因其激烈的对抗性和高度的技巧性展现出自己的魅力。为推动排球运动的发展，1977年，国际排联再次修改规则，即拦网触手后仍可击球3次，这样又给组织进攻提供了更多的机会，进一步提高攻防的激烈程度。20世纪70年代后期，中国男排首创的“前飞”“背飞”等空间差系列打法，中国女排发明的“单脚背飞”技术，波兰男排创造的后排进攻战术，使排球运动进攻战术配合从二维空间发展到三维空间，从平面配合发展到立体配合的新阶段。这一阶段，美洲的排球运动也得到迅猛发展，古巴男、女排和美国女排迅速崛起并跻身世界强队之列。随着国际交往的不断增多，各种流派在相互取长补短中逐渐融合。欧洲各队吸取亚洲的快攻打法，向强攻加快打、力量加技巧的方向发展。亚洲各队在进一步发展快变战术的同时，重视提高运动员的水平，以增加进攻的威力。各种快变战术应运而生，争奇斗艳，使20世纪70年代成为竞技排球战术发展最为突出的时代。

3.竞技排球的多元化与娱乐排球的再兴起时代

(1)竞技排球的多元化时代

进入20世纪80年代的竞技排球已度过成长、发育时期而逐步走向成熟，当初那种只要在技术和战术的某一环节超群就有可能问鼎的时代已一去不复返。中国女子排球之所以在1981—1986年能连续5次夺冠，是因为她们是一支既有高度又有灵活性，既能攻又能防的全面型球队，练就一套攻防全面、战术多变、以高制矮、以快制高的技、战术打法，中国女排在世界排球运动发展中写下最辉煌的篇章。同时期的美国男排创造性地运用沙滩排球中的二人接发球战术，发明摆动进攻战术。在比赛中，其队员还大胆地运用跳发球和后排进攻技术，使前排的快变战术与后排的强攻有机地结合成纵深立体进攻战术。美国男排队员不仅文化素质高、善于改革创新，而且防守积极、作风顽强，终于使这支“黑马”球队接连获得4次世界冠军。

中国女排和美国男排的成功，标志着排球运动技、战术观念的革命，预示着排球运动进入全攻全守的新时期。全攻全守已不仅是个人攻防技术的称谓，而是指整体的全方位的攻和整体的全方位的守。全攻首先从观念上打破传统的进攻模式，即全攻意味着进攻的手段是从发球开始并包含拦网。西欧男排继美国男排崛起后，在职业联赛的交流中进一步发展美国男排的攻防体系，使跳发球和纵深立体进攻战术达到运用自如且很少失误的程度，尤其是意大利、荷兰等国，跳发球空中飞行时间仅为0.5秒，速度达到30米每秒，且拦网的成功率很高，因此进攻已不再是第三次击球的专利。

全攻意味着进攻的变化已不局限在网前的二维空间里，而是充满整个场地的三维空间。意大利、荷兰等国的男排不仅有高、快结合的前排进攻，而且在前排进攻的配合下，从二传出手到扣球仅用0.8秒的背平快后排进攻，形成高、快结合，前、后结合的全方位进攻的局面。

全方位的防守，首先是指技术动作的全方位。当今，由于进攻水平的不断提高，单纯依靠手和手臂击球的动作，要防守迅雷不及掩耳般的扣球是相当困难的。为促进攻守平衡，国际排联本着积极鼓励防守技术的发展，同时又不消极地限制进攻技术的原则，从1984年开始，先后从规则上放宽对运动员第一次击球时判断连击犯规的尺度。1992年将合法的触球部位从髋关节以上改为膝关节以上，1994年又由膝关节以上改为身体的任何部位均可触球，于是出现手、脚、身全方位的防守动作，扩大了人的防守面积，提高了防守质量。1999年，规则又增加后排自由防守队员。其次，全方位的防守体现在当代防守观念的转变上，即由预判的“出击防守”代替固定位置的“等待防守”。“高位防守”的取位则更需要运动员具有高水平的判断、反应及控制球的能力。再次，全方位的防守还体现在针对对手的进攻特点，随时调整拦网与防守的配合，打破原有的防守阵型模式，从而兼顾防守效果和防后的反攻布阵。

20世纪90年代，意大利、荷兰男排以惊人的速度在国际上确立了领先的地位，标志着竞技排球走向社会化、职业化的时代已经到来。排球运动的职业化趋势使排球运动的技、战术水平又跃上一个新的台阶。职业俱乐部的实施使意大利排球水平突飞猛进，其男排尤为突出。1988年以前的历次世界大赛中，意大利男排只有4次进入前8名，而1988年后其每次都打入大赛前8名，其中4次获亚军。意大利女排也获得2002年世界女子排球锦标赛冠军。古巴女排在高举高打的同时，加快进攻的速度，并克服情绪波动的弱点，在20世纪90年代独领风骚，1989—2000年先后夺得8次世界冠军。

进入21世纪，世界排坛的格局发生根本性的变化。女子排球方面，古巴女排走下神坛，一枝独秀的实力不再，中国、俄罗斯、意大利、巴西、美国女排呈现多强林立的局面。男子排球方面，从诸强纷争变为巴西队异军突起，自雷纳多执教巴西男排以来，他们先后夺得2002年世界排球锦标赛、2003年世界杯排球赛和近年的世界男排联赛及2004年奥运会排球赛的冠军。意大利、塞尔维亚和黑山、俄罗斯、阿根廷、南斯拉夫男排先后占据世界前3名的位置，美国、荷兰、古巴、法国、西班牙、希腊则称雄世界前6名。

(2)娱乐排球的再兴起时代

一百多年前,排球运动起源于一种娱乐游戏活动。随着时间的推移,排球运动的娱乐性逐渐被其竞技性所取代。进入20世纪80年代以来,竞技排球的技、战术发生质的变化,全方位的攻防更增加了比赛的观赏性。但随着现代经济的发展,人们对物质文化消费的需求也在不断地提高,健身娱乐逐渐成为人们消除疲劳的有效方法。人们在观看比赛中获得赏心悦目的享受之余,也渴望亲自体验这项运动的乐趣。参加运动的人带着兴趣来,但由于排球运动本身的高度技巧性,因此失望地走。人们都想参加排球运动,于是开始从球的性能、比赛规则上进行适合各自需要的修改,全球性的娱乐排球便应运而生。

国际排联在竞技排球中的一系列改革,也没能让排球运动吸引更多人参与,于是国际排联对适合大众开展的排球运动形式给予积极的支持和重视。20世纪90年代,国际排联即把沙滩排球列入整体发展规划,并成立沙滩排球委员会,1993年出台第一部正式的沙滩排球竞赛规则。1996年,沙滩排球成为亚特兰大奥运会正式比赛项目。目前,软式排球、迷你排球(小排球)都组织过世界性的青少年比赛。总之,娱乐排球的再兴起,标志着现代排球运动进入竞技排球与娱乐排球共存的新时代。

(三)我国排球运动发展变化

1. 6人制排球在我国的推广和发展

中华人民共和国成立后,由于国家的重视,排球运动很快作为重点体育项目在全国被推广。为适应国际比赛的需要,1950年7月,在全国体育工作者暑期学习会议上,中华全国体育总会第一次向与会人员介绍国际排联制订的6人制排球竞赛规则和方法,并于当年8月成立中学生排球代表队赴布拉格参加世界学生第二次代表大会的排球比赛。1951年1月,中国青年男子排球队组建,并赴柏林参加第11届大学生冬季运动会和第3届世界青年联欢节。同年5月,在北京举行的第1届全国篮、排球比赛大会上正式采用6人制排球比赛,并正式组建国家男、女排球队,即当时的“中央体训班男、女排球队”。1952年,国家男、女排到全国14个城市进行6人制排球比赛的示范表演,推动6人制排球运动在我国的普及。1953年,中国青年女子排球队首次随中国代表团参加在布加勒斯特举行的第1届国际青年友谊运动会排球赛。1954年,我国加入国际排联,正式成为会员国。为向当时排球运动处于领先地位的东欧各国学习,我国运动员曾到莫斯科、里加、基辅、明斯特等城市边训练边比赛,系统地学习苏联排球队先进的技、战术打法及训练方法。

除"走出去",我国还采取"请进来"的方法学习外国的先进技术及理论。在这一时期,捷克斯洛伐克军队男排和保加利亚男、女排球队先后应邀来我国访问。1956年,国家体育运动委员会(简称体委)还邀请苏联专家戈洛马佐夫在京、津两地举办"全国排球教练员训练班"。学员们全面系统地学习苏联排球运动训练的理论与方法,促进我国排球运动的发展。受全国联赛的影响,各大中城市也都开展具有本地特色的排球竞赛活动。

在20世纪50年代,我国的排球运动是一手抓普及、一手抓提高,在普及的基础上抓提高,在提高的指导下抓普及,因此运动水平提高较快。由于我国排球运动是在继承9人制排球技、战术的基础上发展起来的,尤其是我国的快球和快攻战术是其他国家没有的,所以1956年中国男、女排球队第一次参加世界排球锦标赛就取得男子第9名、女子第6名的好成绩。

20世纪60年代前后,我国各省、市球队根据自己的特点开始形成各自不同的风格和技、战术打法。例如以广东队为代表的快速配合,以四川队为代表的细腻稳健,以北方队为代表的高打强攻,以解放军队为代表的勇猛顽强,以上海队为代表的灵活多变等,充分体现出我国6人制排球技、战术水平的明显提高。

2.我国排球运动走向世界

1976年,我国组建新的国家男、女排球队。1977年,我国男、女排球分别在亚洲排球锦标赛中战胜日本队和韩国队,双双获得冠军,并取得参加奥运会排球赛的资格,从此中国男、女排开始冲出亚洲,走向世界。1981年,我国女排在日本举行的第3届世界排球锦标赛中以7战7捷的战绩,第一次获得世界冠军的称号,为三大球翻身打响第一炮。1982年,我国女排在秘鲁举行的第9届世界女子排球锦标赛中再次夺冠。1984年,中国女排继续发扬顽强拼搏精神,在美国举行的第23届奥运会排球赛中再次问鼎,第一次在奥运会排球比赛大厅内升起五星红旗。荣获三连冠的中国女排在我国排球史上留下了辉煌的一页。1985年在日本举行的第4届世界杯女子排球赛、1986年在捷克斯洛伐克举行的第10届世界女子排球锦标赛中,我国女排又相继夺得冠军,创造了世界女子排球大赛中五连冠的新纪录。

20世纪70年代末到80年代初也是我国男排技、战术水平提高较快的时期。在继承传统快攻打法的基础上,我国男排又大胆创新"前飞""背飞""拉三""拉四"等新战术,形成一套自己的快变战术打法,在1977年的世界杯男子排球赛和1978年的世界男子排球锦标赛中分别获得第5名和第7名的好成绩。1981年,我国男排再次获得世界杯男子排球赛第5名。当时我国男排的实力不仅冲出亚洲,而且可以向世界的排球强队挑战。

这一时期我国的排球运动以"全攻全守、能高能快"的战术特点,引领了世界排坛的新潮流。

3.我国排球运动走出低谷,重振雄风

20世纪80年代,当世界男子排球运动迅猛发展的时候,我国男排由于种种原因造成水平的下降。1982年世界男子排球锦标赛的分组本来对中国男排非常有利,但因关键时刻队员的心理承受能力差,失去进入前4名的机会,仅获得第7名;1984年以一胜五负的战绩排名第8;1985年世界杯男子排球赛亚洲预选赛以1∶3负于韩国,从而失去参加世界杯男子排球赛的资格;1987年亚洲男子排球锦标赛上负于日本而失去参加第24届奥运会排球赛的资格;1989年亚洲男子排球锦标赛上负于日本队和韩国队名列第3。随着男排成绩的下降,我国女排在20世纪90年代初运动成绩也急转直下,跌入低谷。1988年汉城奥运会上,女排失去冠军的宝座;1988—1991年的两次世界杯女子排球赛和一次世界女子排球锦标赛的成绩分别为第2名、第3名、第2名；1992年奥运会排球赛和1994年世界女子排球锦标赛上仅获第7名和第8名；在1994年亚运会上负于韩国队而名列第2。此时中国女排的运动成绩又退到“冲出亚洲”的起点。

我国男、女排运动成绩下滑的原因主要在于指导思想跟不上世界排球运动发展的形势。首先，体现在对“进攻”和“进攻战术”认识的滞后上。20世纪80年代的欧美男排就已普遍运用跳发球和后排进攻打法，形成在排球场上的全方位进攻，紧接着欧美女排也开始效仿。但此时中国男、女排的进攻观念仍停留在20世纪70年代的认识上，总是在前排二、三点进攻的变化上做文章，致使进攻战术既无创新也无借鉴，所以与国际先进水平逐渐拉开距离。其次，20世纪80年代末，国际排坛商业化的趋势日渐明显，职业化趋势日渐成熟，在世界体育职业化和国内市场经济浪潮的冲击下，运动队的管理问题也逐渐地暴露在人们的面前。再次，伴随着国家“奥运战略”的出台，各省、市的“全运战略”也应运而生，所有的运动项目多以拿金牌为目的。排球运动是集体项目，拿不到更多的金牌，因此很多省、市都将砍掉排球队作为首选。

1995年，国家体委召开重振排球雄风研讨会，会上总结失败的教训，找出问题所在，并且探讨今后的发展方向。同年重新组建国家女排，并请郎平回国执教。中国女排在郎平主教练的率领下，严格训练，增强全队的凝聚力，重新树立攀登世界高峰的信心，先于1995年获得亚洲女子排球锦标赛冠军冲出亚洲，并于同年获得世界杯女子排球赛的第3名，1996年又获得奥运会排球赛亚军，1998年获得世界女子排球锦标赛亚军，1999年获得世界杯女子排球赛第4名，2000年奥运会成绩下降至第5名。1997年，中国男排在教练汪嘉伟的带领下重新夺得亚洲锦标赛的桂冠，并在世界杯、世界锦标赛预赛中取得参赛资格。1999年亚洲男子排球锦标赛上中国男排成功卫冕。

4.我国排球运动再创辉煌

在获得2002年世界锦标赛第4名的成绩后，从压力中走出来的中国女排在2003年世界杯女子排球赛上以11战全胜的佳绩夺取了17年来第一个世界大赛的冠军。接着在2004年雅典奥运会上,中国女排力克各路劲旅,勇夺阔别20年的奥运冠军。中国女排重夺世界冠军是她们把思想建设摆在十分重要的位置上,坚持“从制度入手,高标准、全方位齐抓共管”的工作思路,严格管理,严格要求,认真学习和努力实践当年老女排那种敢打硬仗、敢于胜利和团结协作、顽强拼搏的精神,训练工作始终保持“走全面快速多变的道路,技术上更加精细全面,整体配合上更加默契娴熟,快速多变的特点更加突出”的指导思想的结果。

面对与世界先进水平之间的差距,中国男排经历了一个较长的痛苦摸索时期。在2003年世界杯男子排球赛上中国男排获得第10名。在2004年奥运会预选赛上,中国男排负于澳大利亚队,无缘雅典奥运会。但在此次比赛中,中国男排的“三老带二新”的阵容历经考验,他们先后战胜亚洲劲敌韩国队、日本队和伊朗队,无论在比赛经验上还是在心理上都为中国男排日后的复兴和发展留下广阔的空间。

2018年中国女排世界排名第1名,中国男排世界排名第20名。中国男排要想更加辉煌,必须有所改变,不仅是技、战术要更加完善和全面,更主要的是在思想和意识上也应该有一定的提高。要有现代排球意识和先进的排球运动训练理念,要加大新技术、新打法的研究开发,改变国家队的发展思路。中国男排只要踏踏实实地从青少年培养抓起,形成从地方队到国家队的良性循环,学习世界男排训练与管理的先进理念,完全可以达到一流水平。

第二节 排球运动教学

一、排球运动教学原则与目标

(一)排球运动教学原则

排球运动教学应遵循教育学教学论中有关的一般原则,各科教学法要符合各门学科的教学规律,具体到排球运动学科,排球运动教学应有其自身的教学原则。

排球运动教学原则主要用以阐明教师在教学过程中应怎样依据排球运动教学的客观规律进行教学活动、加速教学进程和提高教学效果。

排球运动教学原则是在科学分析排球运动教学过程及相关因素的基础上构建起来的，有赖于对以运动技能学习为主并与思维活动相结合的认知过程、排球运动教学目的、排球运动教学内容、排球运动教学手段的再认识。基于这样的观点，在教育学教学论有关教学的一般原则的指导下，在排球运动教学原则构建及运用的过程中，应着重考虑以下6个方面的基本要素。

1.人性化的基本要素

教学目标以学生为主体，促进学生自主发展，培养学生的创造精神和竞争条件下的合作意识，使学生的人格、个性得以发展。教学对象的主体性是人性化教学原则的核心内容之一。由被动式传统排球运动教学模式转化为主动式模式。教学主导的科学性是人性化教学原则的又一个核心内容。教师理解人、友好、负责、有条不紊、富有想象力和亲切热忱的良好情感品质，以及善于根据排球运动教学的规律，掌握不同年龄、性别的学生的生理、心理特征，注重教材的系统性，教法的实用性、游戏性和竞技性，合理安排运动负荷等进行组织教学的工作能力，可使学生产生积极的情感体验，成为教学双边关系中的一种动力源。

2.可接受性的基本要素

教学活动应该依据学生的可接受能力，把握好教学活动的难度分寸。教学目标的制订应符合学生可接受的心理逻辑，遵循学生的心理发展历程。设置目标时，必须依据目标难度与动机之间的关系理论，保持适宜的难度。

教学内容的安排应符合教材的科学逻辑，应先教授基本技术，后教授技术运用；排球技术教学应由最基本的知识与动作环节开始，进而进行完整乃至技术细节的教学。与此同时，根据排球动作技术特点，在学习排球技术时，应从准备姿势开始，依次学习击球手型、击球点和击球用力。

教学手段的运用，应根据人对事物的认知规律、运动技能形成规律，遵循由徒手模仿练习到用球练习、由诱导性练习到辅助性练习、由不使用球网到使用球网、由简单条件下的比赛逐步过渡到复杂条件下的竞赛的操作方式方法。

3.球感发展领先的基本要素

判断人或物与自己的距离的能力、知觉人和物的状况与速度的能力、空间关系视觉化的能力、在时间上统一运动协调的能力等具有特殊意义。在排球运动教学过程中，根据不同的教学阶段，针对性地运用各种发展球感的诱导性和辅助性练习手段是至关重要的。

4.可视化的基本要素

在排球动作技术教学初期，对运动知觉（如对球的本体感觉），以及对球在空中运行的时空感知等状况的辨别、判断的比重很大，然而在学习的后期这种比重有减少的倾向。在学习的后期，视觉的帮助几乎被肌肉运动的知觉所替代。有效地利用视觉帮助，动作技术将完成得更为准确。排球技、战术教学优先运用完整与分解示范、正误对比示范、边讲解边示范，以及运用挂图、图表、照片、幻灯、电影、录像、投影等直观教具和现代化的多媒体教学手段进行教学是必不可少的。

5.运用动作迁移的基本要素

排球运动中通过学习某种动作技能而得到的能力向同等或类似的横向技能迁移的情况可以说比其他球类项目要来得多一些，技能之间所显示的类似性，并不等于在动觉、运动刺激、运动反应、同一运动反应动作的形式和运动的控制方式等方面的共同性。这就提示人们在排球动作技能的教学过程中，既要注重运用动作正迁移的有利效应，又要防止动作负迁移效应的干扰。

6.适度增加练习量的基本要素

练习量对学生学习动作技能起着至关重要的作用。传统观点认为“多练有益”的大量重复练习并不是提高技能操作的最佳选择。练习不能产生完美的动作技能，只有完美的练习才能产生完美的动作技能，即练习量只有与其他诸如强调动作方法、注重动作效果、变换操作条件等变量共同作用时，才能产生最佳的技能学习效果。

（二）排球运动教学目标

1.增强学生体质，促进学生健康

这些年来，我国大学生的体质不容乐观，一直在不断下降。因此，高校体育课程的首要任务便是增强学生的体质，促进学生的健康，排球运动教学课程目标也是如此。学生在通过排球运动的学习后，身体形态、生理机能、身体素质和身体基本活动能力等方面都得到全面发展，并在这些基础上增强他们对自然环境的适应能力和对疾病的抵抗能力。通过高校排球课程的学习，让学生养成运动的习惯，从而终身参与运动，为健康人生打好基础。

2.传、投排球知识和技能

排球课程的教学，通过排球知识和技能的传授，使学生了解一部分与排球运动相关的理论知识，使学生了解一定的排球文化和历史。通过学习排球理论知识、原理和方法，不仅可以提高学生对排球运动文化的了解和调动他们参与排球运动的积极性和自觉性，还可以为他们参与排球运动提供科学的指导，这些原理和方法将使他们受益终身。可以使学生在具备了一定排球理论知识和原理、方法的基础上，将这些理论知识、原理和方法合理地迁移到其他运动项目的学习过程中去。

排球课程的一个重要任务就是让学生掌握排球运动的基本技术，从而让学生利用自己的业余时间去参与排球运动，这是排球课程的一个主要任务。

3.为学生终身参与体育打好基础

让学生终身参与体育是我国高校体育教学的一个教学任务。高校体育和终身体育的联系，是通过“兴趣”和“能力”这一途径来实现的。在高校排球运动教学的过程中应重点培养学生对排球运动的兴趣，在这一基础上通过长期系统的排球技术技能的学习，学生就会对排球运动有一个清晰的认识并理解其文化内涵，从而有了参与排球运动的积极性和主动性。这样，有了良好的体育价值观和态度，学生才能积极参与体育锻炼，并且终身受益于体育。学生可以因人、因时、因地创造性地去选择适合自己的健身方法和手段，以满足他们终身体育的需求。

4.促进学生个体的社会化

大学阶段是一个人社会化的关键阶段，是一个人个性全面发展的重要阶段。高校教师在排球运动教学的过程中，要结合体育的特点，通过各种学习方法和手段对学生进行品德教育，使学生的个性和人格得到完满发展。要通过排球运动的教学提高学生的社会责任感和群体意识，培养他们热爱集体、遵纪守法、团结合作、勇敢顽强、创造开拓等品德和作风，为将来适应社会生活奠定良好的基础，实现学生个体的良好社会化。

5.培养竞技排球人才，促进竞技体育发展

长期以来，我国竞技体育实行的都是三级网训练体制，通过市运动队、省运动队和国家运动队的形式选拔竞技体育人才，随着我国社会的快速发展，这种选拔方式出现了越来越多的弊端，不利于竞技体育人才的选拔。随着我国竞技体育体制的不断改革，借鉴美国竞技体育人才选拔的经验，我国也开始慢慢通过高校来选拔竞技体育人才。作为三大球项目之一的排球，在高校具有一定的基础，具有这样的发展潜力。

因此，在开展学校排球运动教学活动的过程中，要善于发现有排球运动天赋和运动才能的学生。并在课余时间对他们进行排球运动训练，以提高他们的排球运动技术水平。有条件的高校还应该组织排球高水平运动队，这样既可以丰富学校的校园文化和学生的课余生活，同时也可以为高一级的排球运动队或排球俱乐部输送后备人才。

二、排球运动教学管理

（一）排球运动教学管理的内容及任务

排球运动教学管理是一项复杂的系统工程，排球运动教学管理的内容多、涉及面广，但主要有三个组成部分，一是对教学计划的管理；二是对教学组织的管理;三是对教学评估(或检验)的管理。如果离开了这三个部分的教学管理,排球运动教学就难以顺利进行,难以按时、高质量地完成教学任务。因此,能否以科学的方法进行管理,是排球运动教学成败的关键所在。

概括地说,排球运动教学管理的基本任务是维持正常的教学秩序,提高教学质量和教学效率。具体任务主要表现在:树立正确的教学思想;根据教学规律和主管部门的有关规定,督促制订好学校、教研室(组)、教师的教学工作计划;规定教学管理人员的职责;制定教学质量标准,检查、分析教学工作质量及其效果,同时对教学工作实行调控。

(二)教师

在排球运动教学活动中,为了使学生提高学习效率,尽快掌握基本技术的要领,最重要的条件莫过于能有好的教师。如果没有好的教师,再好的教学计划也难以实现,再完善的教学设备也不可能得到有效利用。如果有好的教师,制订出完善的教学计划,即使设备有所缺陷,也可以得到弥补,并能使教学切合实际。

1.教师资格制度

《教师法》中指出:“国家实行教师资格制度”“中国公民凡遵守宪法和法律,热爱教育事业,具有良好的思想品德,具备本法规定的学历或者经国家资格考试合格,有教育教学能力,经认定合格的,可以取得教师资格”。从事排球运动教学的教师也不例外,我国现有的排球硕士研究生、研究生班、助教进修班、体育系本科、运动系本科、体育系专科、成人教育本科和专科多种学制,培养了大批可以进行运动教学的专业人才和非专业人才。

2.教师职务制度

《教师法》规定“国家实行教师职务制度”,这是教师任用的一项重要制度。以国家教委制定的《中学教师职务试行条例》为例,中学教师职务包括中学高级教师、中学一级教师、中学二级教师和中学三级教师,这对加强中学教师队伍建设起到了积极的推动作用。

3.教师聘任制

《教师法》规定:“学校和其他教育机构应当逐步实行教师聘任制。”这是为适应社会主义市场经济发展而进行的教师任用制度改革中的重要组成部分。过去实行的聘任制是学校内部岗位的聘任,今后实行的聘任制要发展到《教师法》规定的社会化的真正意义上的聘任制。实行教师聘任制,有利于发挥教师的积极性,打破包得过多、统得过死和人才不能流动的状况,为教师和学校双方提供更多的选择机会;有利于发挥人才作用,提高学校办学自主性和积极性;提高教育教学质量。

4.教师工作安排的基本方式

(1)定位换送式

这种安排方式就是根据教师的知识水平、业务专长和工作经验,安排教师固定地担任某一年级的排球运动教学任务或其他体育教学任务。

(2)循环式

就是教师在一个班级跟班教某一年级的排球或其他运动项目。循环式又分为大循环和小循环。从学生入学跟到毕业的叫大循环;跟班到某一阶段叫小循环。

(3)定位与循环结合式

这种安排方式包括两方面的内容:一方面是对教学困难较大的新教师来说,如果教了一年以后,仍感到吃力,则在原年级再定位一至二年,然后跟班。这种方式又叫踏步循环式。另一方面是部分骨干教师或知识水平较低的教师固定在某一年级任教,其他教师实行相邻年级的小循环。三种安排方式各有利弊,学校要根据诸因素的相互联系灵活运用,使之既有利于充分发挥每一位教师的业务才能,又保证学校的体育教学质量(含排球运动教学)。

(三)教研室(组)

教研室(组)是大多基层学校采用的教学管理模式。一般的专业教师向教研室(组)负责若干班级的专业教学工作,教师有权决定在教学中使用何种教学方法。教研室(组)负责人向上级主管部门负责全室(组)的教学管理工作,这包括教学大纲、教学进度、教科书、考试方法(或试卷)和教学设备等,监督全室(组)教师的教学,帮助新教师入门,协调与各部门的关系,处理行政事务,主持对教学进行测评,安排教师的培训与进修等工作。

1.组织进行排球运动教学研究

教研室(组)是教学研究的组织。它的主要任务是组织教师进行教学研究工作,总结交流教学经验,排球运动教学研究的内容很多,大体包括以下几个方面:①对教学文件的研究,学习领会和理解中期教学计划的制订、研究教案的编写规格和理论讲稿的要求等;②对教材的研究,明确教材中各项技术的规格与战术的要求,教学的重点与难点;研究新的科学技术、新的体育科研成果与教材的结合;研究排球运动的发展动向;研究教学方法和手段的使用及创新;③对考核方法的研究,它是考核方法和评价方法,使之更加完善,通过考核,评价取得反馈信息,以总结和改进教学工作;④应用相关学科研究,教学问题研究和交流在排球运动教学中应用相关学科的理论方法,解决排球运动教学中的各类问题;⑤研究教学中学生能力的培养,研究排球运动教学培养学生能力的内容、方法及能力的考核与评价,制定关于传授知识、发展能力的指导性文件和实施措施;⑥研究教学的总结,研究排球运动教学总结的内容和要求,总结教学的经验与不足,改进教学方法,提高教学质量。

2.实施排球运动教学工作管理

有无科学的教学工作管理制度,是排球运动教学成败的关键环节。如何加强教研室(组)的教学工作管理,可以从以下几个方面着手。

(1)档案管理

第一,教学计划文件档案,包括全年教学工作计划、学期教学工作计划、单元教学计划、代表队训练计划、竞赛规程等。第二,身体素质、达标及个人考核成绩档案,包括教师所教学生从入校到毕业的有关身体素质、达标及个人考核成绩一系列数据,每学期应进行登记,统一存档保管。第三,资料档案,包括有关教学的书籍、刊物、画报、图片及教学影视片等。第四,代表队竞赛档案,包括参加有关比赛的运动代表队,为校争光、获奖的学生名单,存入档案。

(2)教学过程的管理

教研室(组)通过分配教学任务、检查教学文件和课堂教学、组织考核和评估、进行教学总结等方式对排球运动教学工作加以管理。管理工作的主要内容有:教学文件、教师的教学行为(讲解、示范、口令、教学组织、教学方法与手段、教师的仪表等)、教书育人的效果,安全措施,成绩的考核与评定,以及各种教学的协调工作等。

(3)场地器材的管理

场地器材的购置、分配、使用、保管与维修等。教研室(组)的教学管理工作,要做到有条不紊、有章可循、有法可依,就必须使教学管理从一般化管理转变为规范化管理,从而提高教学管理的效益和排球运动的教学的质量。第一,教学文件的规范:文件的格式与内容、文件的文字与图表、文件的书写等。第二,教学秩序的规范:课前准备、上课礼仪、学生着装、请假见习、教学组织、器材使用、安全措施等。第三,技术动作的规范:尽管排球运动技术会因个体差异而具有个人特点,但基本技术却是一致的。因此,有必要制定技术动作的规格要求,使排球运动教学中的技术动作规范化。第四,成绩考核的规范:考核形式、方法、标准、成绩的评定等。第五,教学质量评价的规范:制定评价标准,使评价工作规范化,避免主观印象下结论。

(四)课堂教学

课堂教学又称班级授课班,它是将学生按年龄和知识水平分成固定的人数,以班级为单位,按规定的教学内容、教学时间和课程表分科进行教学的一种基本组织形式。排球运动课堂教学的主要特点表现为:排球课堂教学主要是在体育场(馆)进行,对场地设备有一定的要求。学生在教师的指导下,学习、掌握排球运动的三基(基本知识、技术和技能)。通过思维活动与体力的紧密结合,反复进行练习,并承受一定的运动负荷,以排球的运动形式来达到锻炼身体和愉悦身心的目的。排球课堂教学的组织管理工作较复杂,分组教学形式居多,学生的年龄、性别、健康状况、运动基础、素质等方面都可能存在一定的差异,同时,室外教学易受外界的自然条件影响。排球课堂教学有利于比较生动具体地向学生进行思想品德教育,结合教学的各项具体活动和实例,使学生容易接受。

1.排球课堂教学的类型

(1)理论课

“理论课”指在教室内讲授有关排球运动基础理论知识的课。教师主要讲授排球运动的发展简史、技术动作规格与分析、战术打法及组合、世界排坛的主要流派和发展趋势、比赛规则、裁判方法等。理论课应以教学计划、教学大纲、教材为依据,按照教学进度和教学任务的统一要求,合理安排上课时间和次数。有必要留有一定的动机时间,以应付场地器材无法保障及雨天的特殊情况,可临时安排有关的理论课,讲稿要事先准备好。理论课要结合运用直接性强的教育手段,例如,图片、挂图、幻灯、投影、录像、电影和电视教材等。

(2)实践课

实践课是指在场馆(室外操场、体育馆和健身房)进行身体练习(技术、战术练习)的课。它是按照国家有关统一规定的教学大纲和各校制定的教学进度进行的。排球课堂教学(又称排球运动教学课)多指实践课,根据排球运动教学课的具体任务,分为引导课、教授课、复习课、综合课和考核课等。根据提高排球专项水平的教学需要,又可分为普修课和专修课。根据提高训练水平和专项的技术、战术素养,还可以分为身体训练课、技战术课、教学比赛课等。总之,排球课堂教学的类型较多,教师可根据教学任务、内容及对象特点,选择和运用不同类型的课,使排球课堂教学构成一个完整的体系。

2.排球课堂教学的一般结构

课堂教学的结构亦即课的结构,是指一节课的基本组成部分及各部分的联系、进行的顺序和时间的分配等。

排球课堂教学的一般结构是以三部分的课的结构为主体,即开始与准备部分、基本部分、结束部分。把课分成三部分的模式,是依据人体生理机能活动能力的变化规律确定的,而各个部分的具体内容与组织工作的安排和时间分配,则可根据课的任务、学生特点、场地器材与季节气候等条件而改变。排球运动教学结构的三部分划分,也并不是一成不变的,有时为了教学需要,课的结构可不分部分与阶段,以练习和休息的合理交替,使练习一个接一个地进行,不过分强调技术的传授,而重视发展学生的运动能力。由此可见,排球运动教学课的结构不论是分几个部分,还是几个阶段,都不能硬性规定,而要通盘考虑教学目的和任务、教材的性质、学生的年龄特征、教学的物质条件、教学方法上的要求及负荷的安排等,从而确定教与学联系的合理顺序,以及练习与练习之间的有机联系。因此,教师应根据具体情况灵活地、创造性地安排课的结构,不能千篇一律。

3.排球课堂教学的基本要求

(1)教学任务明确

教学任务是一堂课的指导思想,是上课的出发点和归宿,明确教学任务是上好课的重要条件。教学目的包括掌握知识、技术和技能,发展智力、能力,培养思想品德,增强体力、体质等方面的内容,这些内容要有机统一。

(2)教学内容正确

教学内容是上课的主要依据,看一节课的好坏,重点在于内容,如教学内容的选择是否合理、符合逻辑等。

(3)教学方法恰当

所谓方法恰当即课上使用的方法符合教材特点、学生特点并能充分利用现有的场地设备条件,有利于学生掌握“三基”。

(4)课堂组织合理

整个课的进行基本符合课时计划的设计,课的各个部分进行得有条不紊,环环相扣,始终能保持一种良好的课堂气氛,教师能机智地处理各种偶发事件，保证课堂教学的顺利进行。

(5)教学积极主动

教师和学生都能处于积极主动的状态之中，教师能引导学生进入良好的学习和练习状态，学生精神饱满，并能全身心地投入，整个课堂都表现出在教师引导下的学生主观能动性的发挥。

（五）课外活动

课外体育活动安排排球运动作为活动内容，既能进一步巩固和扩大体育课上排球运动教学的效果，使学生经常以排球运动作为锻炼的手段，又可以丰富学生的业余文化精神生活。因此，组织安排好课外体育活动，是排球教师工作中的一个重要环节。课外体育活动并不是课堂体育教学的延续，而是课堂体育教学的必要补充。因为课堂教学的不足为培养人才带来了局限性，而课外体育活动正是避免了课堂体育教学的某些缺陷，弥补了课堂教学的不足。首先，对于那些排球技术水平较高、对排球运动有特殊爱好的同学，很显然课堂体育教学的进度无法满足他们的需求，课外体育活动安排排球项目，大大地增加了这批学生接触排球的时间和次数，有助于他们进一步掌握排球运动的“三基”。由于课外体育活动具有自主、自愿的特点，在学生的个性发展上排除了许多人为因素的限制，因而使学生在原来课堂体育教学中难以发挥的特长能在课外体育活动中得以充分施展，从而培养他们对排球运动的兴趣与爱好，为未来选择职业奠定良好的基础。其次，课外体育活动有利于寓思想教育于排球运动之中，排球运动的趣味性娱乐性，吸引着广大的学生，激发他们参加排球活动的兴趣，引起参与的愿望和内在需求，但“趣味性和娱乐性”并不是课外体育活动的根本目标，不能单纯追求趣味性，因为课外体育活动的目的是让学生在排球活动中受到深刻的、生动的思想教育，提高觉悟，陶冶情操，培养集体主义精神，让学生在轻松愉快的气氛中增长知识，扩大视野，使身心全面发展。最后，对于具有排球运动天赋的学生，完全可以实施一些特殊的练习与训练方法，使他们在课外体育活动中更加系统地掌握排球运动的技术和战术，提高其运动水平。如果发现有培养前途的排球人才,还可为相应的运动队输送。培养排球骨干是推动学校排球运动开展的不可低估的力量,抓好骨干,让其在课外体育活动中发挥作用。组织一定规模的比赛是很有必要的,只要计划制定稳妥,时间安排适当,竞赛组织得力,排球比赛为课外体育活动的固定内容是不成问题的。

三、排球运动的教学方法

排球运动教学方法是在排球课时教学过程中,教师指导学生时为达到一定的课时教学任务(或目标)所采取的一系列活动方式、途径和手段的总和。

教学方法是联结教师教和学生学的桥梁,是进行教学活动的必要条件,是激发学生学习动机和提高教学效果的途径。具有传授知识、促进技能技巧形成、指导教学实践、发展教学经验、培养操作能力、影响世界观形成等基本功能。因此,排球运动教学方法是构成排球运动教学活动的重要因素之一,在排球运动教学过程中具有不可或缺的重要作用。依据现代体育教学论的观点,排球运动教学方法可分为指导法、练习法。

(一)排球运动教学的指导方法

排球课时教学过程中,学生能否掌握排球的基本理论、技术、战术,养成良好的练习习惯,与教师的指导有着密切的关系。在排球课时教学过程中,常用的指导方法有讲解法、示范法、完整法、分解法和预防与纠正错误法。

1.排球运动教学的讲解法

教师使用语言向学生传授课时教学任务(或目标)、教学内容、动作名称、动作方法、练习手段及操作形式、练习时间、练习次数、练习要求,以指导学生进行实践操作的方法。

(1)直述讲解:使用简明扼要的语言,且多用于对课时任务与内容、简单的技术环节与动作方法、练习形式与要求予以说明的一种讲解方法。

(2)概要讲解:使用技术动作、战术方法等要领或要点,提纲挈领地说明操作方式、方法，且多用于较复杂技、战术环节教学的一种讲解方法，例如将扣球的挥臂击球动作归纳为“鞭”。

（3）分段讲解：依据技术动作、战术方法的若干环节，按其主次轻重，逐一地予以说明，且多用于较复杂技、战术教学的一种讲解方法，例如扣球技术、拦防战术。

（4）侧重讲解：在分段讲解或概要讲解时，为突出重点、难点，且多用于较复杂技、战术教学的一种讲解方法，例如扣球技术中关键的人—球关系保持。

（5）对比讲解：运用技、战术相关理论，对某一环节操作时的异同、正误、优劣等予以辨析，且多用于解决较复杂技、战术教学难点的一种讲解方法，例如垫球击球点的空间位置。

运用讲解法应注意的几个问题如下。

第一，明确讲解的目的。针对课时任务（或目标）和练习要求，要讲清重点和难点。针对练习过程中出现的问题，依据其涉及的范围，选择性地使用个人、小组和集体讲解形式。

第二，讲解的内容既要科学，又要符合学生的实际接受能力。尽可能使用相关学科原理进行讲解，但必须将其转换为实际生活中的实例，以便学生理解与接受。

第三，讲解应少而精。尽可能使用最集中、最概括、最精炼的专业口诀、术语，讲清教材的重点、难点和关键环节，例如扣球两步助跑的节奏“先慢后快”。

第四，讲解要富有启发性。教师的讲解应尽可能联系日常生活中的经验，启发学生结合教材内容，引导学生积极思维，例如利用物体高速运行时突然停止所产生的状况，用以说明起跳过程中“制动”的动作功效。

2.排球运动教学的示范法

指教师（或指定的学生）以具体的操作为模型，展示动作技术的结构、要领和过程的教学方法。动作示范具有真实感强、灵活便捷、伸缩性大、针对性强、运用范围广和视觉效果好等特点。

运用示范法应注意的几个问题如下：

第一，示范动作必须按照动作规格的要求进行，力求准确、熟练、轻松、连贯、完美，给学生建立一个生动的动作视觉表象。

第二，明确示范目的，合理选择示范的时间维。在教新教材时，为使学生建立完整的动作概念，应进行常速的完整示范；为掌握技术的某一动作或动作的某一环节时，则应进行中速、低速，甚至静止的示范。例如正面传球的手型与触球部位，可采用静止示范。

第三，明确示范的目的，合理选择示范的空间维。对于不需要固定场地的教学内容，例如准备姿势、移动、垫球，可以在队列中央的正面、侧面选择示范位置；对需要固定场地、器材的教学内容，例如发球、扣球和一般二传，则需要合理安排学生的队形和示范位置。与此同时，对于复杂的技术，例如传球和扣球，还应合理选择示范的方向。

第四，示范与讲解相结合。在学习新教材时，介绍技术动作的名称、作用之后，应先做一次完整的动作示范，再讲述动作方法；在复习教材时，应先讲解，后示范，并将关键性环节的讲解与强化性示范同步进行，例如扣球击球臂的动作轨迹、传球的退让性动作。

3.排球运动教学的完整法

从动作开始到结束，不分部分和段落，完整、连续地进行教学的方法。其优点是不割裂动作环节之间的有机联系，不破坏技术动作结构。其缺点是不易掌握技术动作的关键环节。多用于技术动作结构相对简单和技术动作内在结构严密而不易分解的教学内容，例如垫球和扣球技术。

运用完整法应注意的几个问题如下：

第一，简化动作要求。在开始进行复杂技术动作的完整教学时，应通过降低动作难度的途径，用简化动作要求的措施达成完整技术教学的目的，例如助跑起跳扣固定球。

第二，先注重技术动作的外形，后强调技术动作的内核。在进行复杂技术动作教学时，应在粗略掌握动作技术的基础部分和动作过程的前提下，逐步突出诸如方向、路线、节奏、发力顺序等动作细节。

第三，尽可能多地运用诱导性练习。以技能形成和迁移规律为基本原理的诱导性练习，具有与所学技术动作的结构相似、肌肉用力顺序趋于一致、练习情景雷同的特征。因此，对正确掌握动作技术的重点和难点，加速动作技能的形成具有较大的促进作用，例如传实心球、扣击吊球。

4.排球运动教学的分解法

把完整的技术合理地分成几个部分或几个段落，然后按部分或段落逐次叠加，直至最后完整掌握技术动作的教学方法。其优点是可以简化动作技术的掌握过程，有利于动作技术重点和难点的学习。其缺点是易于破坏技术动作结构，干扰正确技术动作的形成。

(1)单纯分解。一种将技术或战术分成若干个部分，按其先后次序，依次逐一教学，最后再将若干个部分全部综合起来的教学方法。此法适用于技术动作或战术结构相对松散而又较分明的教材，例如发球，先教准备姿势，再教抛球，然后再教挥臂击球动作，最后将3个部分连接起来。

(2)递进分解。一种将技术或战术分成若干个部分，按其先后次序，先教第一部分，再教第二部分，然后将第一、二部分联合起来学习，学会后再教第三部分，第三部分学会后，再联合第一、二、三部分进行学习，直至完整地掌握技术或者战术的教学方法。此法适用于技术动作或战术结构相对严密的教材，例如“中一二”进攻战术，先教后排三人接发球站位，再教三人接发球，然后将三人接发球站位和三人接发球结合起来学习，基本掌握以后再教“中一二”进攻阵型，最后将“中一二”进攻阵型与前面的两个部分联合起来练习。

(3)顺进分解。一种将技术或战术分成若干个部分，按其先后次序，先教第一部分，学会后再教第二部分，第一、二部分学会后再教第三部分，直至完整地掌握技术或战术的教学方法。此法适用于技术动作或战术结构相对较严密的教材，例如正面扣球，先教助跑起跳，学会后再教原地挥臂击球动作，助跑起跳与原地挥臂击球动作学会后再教助跑起跳扣固定球,助跑起跳扣固定球学会后再加助跑起跳扣抛球,直至完整地掌握正面扣球技术。

(4)逆进分解。与顺进分解法相反,是一种先学最后一部分,依次增加前一个部分直至完整地掌握技术或战术的教学方法。此法适用于技术动作或战术难度相对较大的教材,例如正面扣球可先教空中击球动作。

运用分解法应注意的问题如下:

第一,技术动作环节的划分应以不影响动作技术的结构的特征和不破坏各技术动作环节之间的有机联系为前提。

第二,运用分解法的时间不宜过长。为防止分解的动力定型和破坏动作技术完成的连贯性,应适当地与完整法结合起来加以运用。

5.排球运动教学的预防与纠正错误法

教师为防止和纠正学生在学习中出现错误动作所采用的教学方法。预防法具有超前性的特点,需要教师能预见学生在操作过程中可能出现的障碍和错误;而纠正错误法具有实时性的特点,需要教师针对学生学习过程中所出现的障碍和错误,迅速、及时地采取相应的有效措施纠正。

运用预防与纠正错误法应注意的几个问题如下:

第一,钻研教材,总结教学经验,廓清错误成因,把握教材的重点和难点,预设预防措施,及时提供纠正手段。

第二,合理选择与运用诱导性练习,预防旧的动作技能对新学动作技术的干扰,适时采用有效的专门化练习,纠正错误动作。

第三,找准直接关系到动作技术完成与否的关键环节,采取相应限制性练习的纠正措施,予以及时强化。

(二)排球运动教学中的练习法

练习法是指依据课时教学任务(或目标)有目的地反复完成某一动作,以达到提高身体素质、练习动作技能的教学方法。在排球运动教学过程中,学生除遵循认知规律,通过视觉、听觉感知动作技术的过程、方法和要领之外,更重要的是通过肢体的各种活动形式来进行学习。这一基本特征,决定练习法在整个排球运动教学过程中的作用与地位。在过程中,常用的练习方法有重复练习法、变换练习法、循环练习法、游戏法与比赛法,变换练习法和循环练习法多用于运动训练范畴。

1.排球运动教学的重复练习法

指在不改变动作结构和运动负荷的相对固定的条件下,根据动作的操作规范进行反复练习的教学方法。其特点是无严格的间歇时间规定。重复练习法有单一重复法、连续重复法和间歇重复法3种。间歇重复法多用于身体训练范畴。

(1)单一重复法。每练习一次就间歇一下的反复练习方法。其特点是持续时间较短,练习次数较少,练习密度较小,练习强度较低。

(2)连续重复法。在连续不断地重复某一个动作的练习过程中无间歇的练习方法。其特点是持续时间较长、练习次数较多、练习密度较大、练习强度较高。

运用重复法应注意的几个问题如下:

第一,在动作技术学习的初始阶段,为使学生的练习注意力集中于动作方法以及便于教师观察,应多使用动作频率较低、练习难度不大的单一重复法。

第二,在动作技术的改进阶段使用连续重复法时应适当控制连续重复的次数,在间歇时间相对固定的状况下逐步增加连续重复的次数,或在连续重复次数相对固定的状况下逐步缩短间歇时间。

2.排球运动教学的游戏与比赛法

游戏和比赛有同一属性,即竞争以获得胜利。游戏法是指在排球运动教学中,运用游戏的内容与方法,组织学生进行练习的教学方法,其特点是具有一定的娱乐情境和竞赛因素。比赛法是指在比赛的条件下,学习基本技术、运用基本技术、学习基本战术和发展专项能力的教学方法。

运用游戏法和比赛法应注意的几个问题如下:

第,无论在课时的准备部分还是基本部分,运用游戏法时,其内容与形式都要服务于课时教学任务(或目标),例如在课时的准备部分应尽可能使用发展球感和熟识球性的游戏。

第二,无论在课时的准备部分还是基本部分,运用游戏法时,其运动负荷都应遵循人体活动的生理学规律,例如在课时的基本部分应尽可能采用跑动中的接力性传、垫练习。

第三,比赛可以在最简单、简单、较简单、复杂、较复杂的条件下和正式比赛的状况下进行,比赛规则可以变通,如传球比赛,在学习传球初始阶段可允许球落地一次再击球。

第四,比赛分组时双方实力应该基本均衡。

第五,比赛过程中执法必须准确、公正、公平。

四、排球运动教学模式

在现代教学理论的指导下,不少排球运动教学模式的理论与实践研究取得了具有一定实效性的成果。这些教学模式的研究成果主要是由以行为科学、社会科学和认知学科理论为指导的现代教学理论建构起来的。

(一)学导式教学模式

1.基本含义

学导式教学是以操作条件反射学习理论(刺激—反应)和程序教学思想(反馈控制与强化)为理论基础,融合以人为本的现代教育思想(学生主体),遵循运动技、战术的程序性适应原理建构起来的一种教学模式。

2.运作程序

(1)分步子。将所要学习的教材、所要达到的教学目标和练习要求,按照教材的内在逻辑顺序,划分成若干个难度,逐级递增。

(2)依据分步子的段落,编制所分段落及其内在联系的流程图。

(3)按分步子的段落,编写出集排球基本理论、基本技术、战术、理论和技能操作习题、评价等于一体的图文并茂的自学教材。

(4)按照教学进度,在课时中将若干个段落一步接一步地呈现给学生,并依次进行操作。

(5)制订每一个段落检测、考核的标准与方法,通过者随即进入下一段落的学习,未通过者则在同伴的帮助下,采用矫正练习继续学习,直至通过为止。

(二) 掌握学习教学模式

1.基本含义

掌握学习是在学校学习模式的基础上,以绝大部分学生都能达到既定教育目标的理念(即学生的学习能力倾向呈偏态分布的、人人都能学好的信念),运用形成性评价理论构建起来的以教学目标的达成度作为掌握标准的一种教学模式。

2.运作程序

(1)运用程序教学教材编制的原理与方法,依据教学大纲和教学阶段的划分理论,将所要学习的教材分解成逻辑单元。

(2)教学目标分析与编制。依据课程目标、教材的逻辑单元和授课对象的具体状况,精选和明确单元与课时教学目标,并使之结构化、层次化,即将目标分解成若干个子目标与符合逻辑关系的层次。教学目标应包括认知、动作技能和情感3个领域,每个领域的目标必须遵循导向性、递进性、难度适度性的基本原则,使用诸如情感领域的"接受""反应""价值评价""组织化""性格化"的行为动词,描述在教学后学生应表现出的以前所不能达成的行为。

(3)课时组织教学形式。以班级群体教学为主,辅以每个学生所需的、频繁的反馈与个别化校正性帮助。

(4)评价。依据单元、课时教学目标,编制教学评价的标准与办法。参照教学评价的标准与办法,运用课时实施前的诊断性评价、教学过程时间序列上多次进行的形成性评价和课程结束时的总结性评价,对单元、课时教学目标的达成度进行及时和有效的评价。

（三）合作学习教学模式

1.基本含义

合作学习是以建构主义学习理论、最近发展区理论、社会互赖理论、学生是学习主体的现代教学理论为理论基础，以学习小组为教学基本组织形式，通过教师与学生之间、学生与学生之间的协调活动，运用共同完成学习任务和小组总体表现为主要奖励依据的学习方式和教学策略建构起来的一种教学模式。

2.运作程序

(1)分组的规模与形式

①规模。小组成员应具有不同背景、特点、个性等特质，以利于集思广益。合作学习小组最多不要超过6人。

②形式。小组结构以异质组为好。教师首先对学生情况进行摸底测试，依照学生现有的排球基本理论、技能和身体素质水平，并且充分顾及学生的性格、性别、学习品质等因素，将全班学生先分成4个等级，然后再进行随机分配，确保组内异质、组间同质。只有这样才有可能达到最近发展区的教学效果、促进相互学习和共同参与的合作教学的目的。

(2)组内活动的分配与合作

①组内成员角色分配。每一个小组成员轮流担任教师的角色。其必须依据课时教学目标，解释和说明课时所需要完成的学习任务；采取检查、倾听、鼓励参与、补充、帮助、给予口头赞扬等措施，促进组内成员在合作的过程中共同学习；提供课时教学目标达成的基本标准；进行课时目标完成状况的总结。

②组内合作学习。以每个学生按照教师呈现的课时学习目标，独立阅读与思考学习材料，并做出完成课时教学目标的预案，然后在组内讨论，共享最终实施方案的形式为最基本的操作形式。当组内出现特困学习成员时，则采用小组加速教学，即在组内使用个别的特殊帮助的学习形式。

(3)学习评价的重要性

在形式上,采取每一次课和每一个教学阶段的形成性评价;在评价方法上,使用个人、小组和教师3个方面的书面(使用专门的登记表格录入)评价;在评价标准上,则根据每个小组的目标达成情况和个人进步(包括动作技能学习和合作技能,即对特困学习成员的帮助能力)的发展水平而定;在评价的要求上,必须达到小组能够得出确切答案,并能够使每个成员都理解他们在各自的测试中出错的动作环节及原因。

(4)教师的教学任务

组织学生分组;进行技术教学单元规划和单元、阶段、课时教学目标的设计;传授合作教学过程中诸如积极对话、交流感情和提出建设性的评价等社会交往技能;阐述每一节课的任务、目标结构、课时目标,提供必要的练习手段;对学生的学习和小组间的合作给予反馈,提供必要的帮助,调控学生的学习交往活动;评价学生的成绩。

第三节 排球运动训练

一、排球运动训练任务、基本特征与原则

(一)训练任务

排球运动训练的总体任务是改进、巩固、提高与发展运动技能和不断提升运动竞赛成绩。在这一总体任务下,排球运动训练的基本任务是:发展作为排球运动训练基础和更快、更好提升运动成绩的多元身体素质;发展保障运动员轻松而又流畅地表现排球动作技能的专项身体素质;发展合理、经济、准确地完成排球技术动作的能力;形成与发展针对未来竞技对手的战术策略模式;改善与提升纪律、毅力、意志力、自信心和勇气的竞技心理能力;发展运动员之间良好的人际互动、亲和力和团队归属感的团队能力;发展运动员健康和伤病预防的认知能力;

传授排球技术、战术、竞技心理调适、拟订训练计划等训练理论与方法以及相关的运动营养、能量代谢、疲劳消除等方面的生理学、心理学理论知识。

（二）基本特征

第一，强调个体、团队全面与整体的竞技能力。排球运动的技术全面性和高度的技巧性以及严密的协同性特征，决定现代高水平排球竞技中的一个极其重要的制胜因素——不仅需要全面提高运动员个体的身体、技术、战术、意识、心理、临场应变等竞技能力的诸元素，而且更为重要的是需要全面提高全队整体协同作战和处于逆境而后生的竞技力。

第二，训练“时间短，强度大，次数多”。每次课重点解决1～2个训练内容，并在准备活动后迅速进入主项训练的训练组织方法，既有利于运动员在体力充沛和注意力高度集中的状况下竭尽全力地去完成训练任务，以提高训练效果，又有利于确保某项技术训练的质量，兼顾全队技、战术的整合，还能突出训练强度、控制负荷的变化节奏，防止伤病累积。

第三，网上技术训练领先。掌握网上扣、拦的制空权已经成为现代竞技排球的主流打法。因此，突出网上扣、拦技术训练，特别是在掌握先进快攻技、战术的前提下，更加注重强攻、远网扣球和后排扣球的技术训练，再带动后防及其他技术训练的先网上后其他的技术训练理念和方法，已成为高水平排球运动训练的典型特征。

第四，小周期的多周期训练。实行主客场制的竞赛体制以后，赛季的时间长度由原先赛会制的14分钟，延长到90～120分钟甚至更长，对竞赛期中涉及小周期的多周期训练过程中大和较大负荷课的次数与较小负荷课交替轮换、局部与整体战术针对性、薄弱技术的战略性准备、综合训练运用等的科学性提出更高的要求。

第五，重视心理训练。运动员的心理素质已成为竞争日益激烈的竞技排球赛场上一个不可或缺的制胜因素。世界各国强队都把心理调节、控制和恢复技术用于提高运动员对突发事件的心理承受能力，或把针对竞技对手技、战术打法以及在比分相持、落后，客场观众喧哗，裁判员漏判、误判等情况下的模拟训练自觉地纳入日常的训练过程之中。

第六，科学安排运动负荷，注重训练后的恢复。充分考虑生理负荷刺激所造成的心理负荷，合理要求运动员使用消耗更大的能量、付出更大的努力的间歇训练法，谨慎使用可能会形成错误动作和导致运动员极度疲劳，出现运动损伤的极限训练法，是近年来在对大运动量训练赋予“科学化”新理念后，科学安排运动负荷的基本特征。与此同时，使用物理技术和营养药物使运动员在大负荷训练后得以及时恢复的措施已被广泛运用。

（三）训练原则

训练原则是建立在生物科学、心理科学和教育科学之上的反映训练特征的指导训练的基本准则和规范。正确运用训练原则将有助于设计更加科学的训练计划，选择更加合理的训练内容，运用更加科学的训练手段与方法。基于这样的认识，排球运动训练原则应该在运动训练学有关训练一般原则的指导下，继承和发展排球运动训练。应该在技术、战术、身体素质、心理、作风有机结合的“五结合”原则的基础上，有针对性地运用如下7项排球运动训练原则。

1.运动员的自主参与

教练只有通过与运动员进行各种沟通，让他们了解排球运动训练的范畴和目标、独立性和创造性，以及长期从事排球运动训练过程中应承担的责任、权利和义务，运动员才能主动地接受教练的指导，并自觉、积极地进行运动技能、体能和心理特质的自我改造与完善，从而义无反顾地与训练过程中的一切困难做不懈的斗争。

2.运动员的多元发展

改造身体形态和发展机能的多元训练是排球运动员器官和系统之间、生理和心理过程之间相互作用使然，是排球专项训练和获得高水准竞技成绩的基础。因此，不论是初级的排球运动员，还是高水平的排球选手，其运动生涯始终贯穿着多元训练。只不过其多元训练的比例，随着训练年限的逐步递增以及排球专项运动能力的提升而逐步递减,但始终维持在一定的水准上。

3.运动员的专项化训练

专项化训练是使排球运动员的身体形态、机能、技术、战术和心理特质适应排球运动项目特殊需求的、具有发展排球运动技能和排球运动员身体素质双重功效的专门训练,是建立在多元发展基础之上的训练形式。排球运动实践证明,只有准确把握排球运动多年训练过程中运动员适应生理、心理强度刺激的生物学、社会学规律,科学地控制训练负荷变化节奏,才能降低运动员成才年龄,进而缩短优秀选手的培养过程。

4.运动员的实战训练

强队之间比赛的实质就是一次高水平的实战训练,是验证训练成果、发现薄弱环节、积累比赛经验、提高实战能力、增强竞技心理能力、保持较高训练水平和较好竞技状态的有效训练方法。因此,在小周期的多周期训练过程中,特别是在赛前训练中,要有针对性地科学安排强强对抗和热身赛,以达到"以赛促训"的实战训练目的。

5.运动员的合理负荷

竞技能力的提升是运动员在训练过程中完成负荷量、负荷强度的直接结果,其提升的速度直接取决于运动负荷递增的速度和方式。因此,所有等级的运动员首先应遵循的是负荷逐年渐增原则,但又应谨慎地通过调整阶梯高度和阶梯长度的方式、方法,逐步地增加训练负荷。与此同时,因训练周期不同、训练程度不同,而应采用阶梯式负荷(在由小到大递增负荷之后安排一个中等负荷阶段)、平台式负荷(在持续大负荷之后安排一个小负荷阶段)等不同的负荷方式。

6.运动员的有效控制

及时调控训练状态的偏离,阻止偏离继续发展,使偏离的训练状态恢复到最佳通道上来,是有效调控原则的本质反映。因此,在宏观控制层面上,必须遵循周期训练的理论与方法,严格地进行持续不间断的系统训练。而在微观层面上，应采用量化的指标，对每次课的技术、战术、身体训练的达成度予以监控、测量与评价，以使训练过程最佳通道波动的振幅降低到最低限度。

7.运动员的个别化

不论运动员的训练程度如何，教练都应该按照运动员的生理、心理特点，依据其性别、生物年龄、运动经历、学习特性、专项运动能力和潜质、运动成绩和现时训练状态、大强度负荷后恢复的速率、身体形态和神经类型、机能状态和健康状况等元素，制订相应的训练计划和采取相应的训练内容、手段与方法。

二、排球运动训练计划

排球运动训练计划具有方法合理和程序科学的特征，是教练有序组织和安排训练的重要工具，是运动员达到高水准训练程度的基本保障。排球运动训练计划由多年训练计划、全年训练计划、阶段训练计划、周训练计划和课堂训练计划等相互衔接的5个部分组成。所有的训练计划一般都以表格(含周期划分、阶段划分、负荷曲线图等)的形式出现。

(一) 多年计划

多年训练计划是训练计划体系中的一个重要环节，是教练以运动员的现时竞技能力为依据，规划个体、团队未来的竞技能力和运动成绩目标，并以此规范长期(4年)训练过程的客观方法。基于这样的客观分析，在排球多年训练计划中，应包括以下基本内容。

(1)测4年和当年的运动成绩。

(2)根据国内外排球运动发展态势、国际排联有关规则修改的状况，为每一个训练元素确定目标。

(3)确定重大比赛的日期(例如4年一次的大赛和每年1～2次的国内大赛)。

(4)年预期成绩的检测指标与标准。

(5)一个训练元素目标达成的主要步骤和措施，以及检测指标与标准。

(6)4年一次大赛的周期训练划分。

(7)每年1～2次的国内大赛的周期训练划分。

(8)新老队员更替。

(二) 全年计划

全年训练计划是多年训练计划中,每年1～2次的国内大赛周期训练划分模式的具体化。教练依据当年运动员的竞技能力状况,根据次年的赛程安排而规划训练内容、量化训练内容比重和设定训练负荷变化节奏的下一年的大周期训练计划。排球运动全年训练计划的结构与内容如下。

1.排球运动训练全年计划的前期

(1)说明计划使用的持续时间长度,例如,2018-09-10至2019-08-10。

(2)球员基本资料:性别、年龄、身高、体重、训练年限、运动等级、运动成绩。

2.排球运动训练的回顾分析

为精确地计划下一年度训练目标和运动成绩,必须运用成绩、测试指标及标准,定量分析前一年训练目标和运动成绩的达成度及成因,即:

(1)技、战术进步状况与体能发展的吻合程度。

(2)技术及其运用的有效率,技术训练时数。

(3)战术运用与本队特性和比赛特征(对手竞技特征)的准确性。

(4)依据运动员日常和参赛行为,评估其个体和团队心理状况。

3.排球运动训练的运动成绩预测

客观对比与分析下一年技术、战术、体能、心理抗衡的量化指标,找出制胜因素,预测竞赛名次。

4.排球运动训练的目标设定

训练目标以上年竞赛成绩、测试标准的达成度和竞技能力发展速度为基准而设定。设定训练目标时,应着重考虑训练中最为重要的因素,以及制约运动员竞技能力施展的训练因素,例如体能和技术等,并以此设定体能、技术、战术、心理等训练因素的优先顺序。

5.排球运动训练的测试指标与预期标准设定

(1)身体素质测试指标:5级蛙跳,助跑摸高,6米进退移动,仰卧收腹速度,10秒引体向上,羽毛球掷远,12分钟跑。

(2)技术测试指标:一传到位率,防起能攻率,发球成功率(得分、破攻、破战术),扣死率减扣失率,拦网成功率(拦死、拦回、拦起)。

(3)战术测试指标:攻防战术运用频率,各轮次接发球进攻组成率,各轮次防反组成率,各轮次快速反击组成率。

6.排球运动训练的周期设定

周期是由下一年重大比赛的时间和次数决定的:如只有一次重大比赛,则全年训练计划只有一个周期,即单峰周期;如上半年和下半年各有一次重大比赛,则全年训练计划由两个周期组成,即双峰周期。

(三) 阶段计划

阶段训练计划是全年训练计划中周期的具体化,由准备期、竞赛期和恢复期3个阶段组成。

1.排球运动训练阶段计划的准备期

准备期是阶段训练计划中时间最长、内容最多的训练阶段。根据不同的训练目的,准备期还应再细分为3个小的阶段。

(1)适应阶段:运动员个体和团队训练调节,体能恢复和改进基本技术。时间长度约占准备期时间总量的20%。

(2)提高阶段:全面提高身体素质,发展基本技术运用能力,通过增多触球次数提高练习密度,逐渐增大训练量,控制训练强度。时间长度约占准备期时间总量的40%。

(3)强化阶段:突出专项身体素质,强化个人特长技术和团队攻防能力,通过高难度的有球对抗练习增大训练强度,并有针对性地组织多次热身赛。时间长度约占准备期时间总量的40%。

2.排球运动训练阶段计划的比赛期

实行主客场制的竞赛制度以后,赛季的时间变得漫长。多周期的小周期训练,即由若干个竞赛周(小周期)组成的多周期训练,则成为必然。从这个意义上说,设定竞赛周(小周期)训练计划是比赛期制订多周期的小周期训练计划的关键部分,其训练因素及方法如下。

(1)训练内容。解决本队薄弱技、战术环节的针对性训练;以局部和全队战术配合为主,并针对对手具体的技术和战术打法、个人习惯进行模拟训练;保持一定量和强度的力量训练。

(2)训练方法。以综合训练方法为主,使技术、战术、体能、作风、心理训练有机地结合起来。合理而又有目的地运用局部和全队快速、连续攻防的专项技、战术训练手段,不仅可以保持准备期获得的体能训练水平,而且还是使体能训练与技、战术训练有机结合的有效训练方法。

(3)训练负荷节奏。赛程决定竞赛周结构、恢复和减量的安排方法。国内排球联赛,一般是每周一赛,其负荷安排的基本规律是:上周六比赛,周日零强度(在旅途中或休息),周一60%低强度恢复课,周二80%~90%中等强度课,周三90%~100%大强度课,周四和周五为80%低强度的减量课,周六比赛,周而复始。

3.排球运动训练阶段计划的恢复期

恢复期主要目标是消除运动员中枢神经的疲劳。为尽量减少疲劳,恢复期应该对运动员进行特别的心理调适与准备。恢复期的时间长度应视全年训练计划的周期模式而定。若是双峰周期,则恢复期为2~3周。其间的第一周一般采取被动休息。第二周、第三周常采用各种不同于专项训练的练习动作,如爬山登高、水上娱乐等富有趣味性的一般身体活动和一般力量训练,以维持一般体能水准,进行动态休息。

(四)周训练计划

周训练计划是依据阶段训练和训练因素的重要性而形成的。周训练计划的结构由每周训练课的数量和训练课的功能决定。课次的数量和课次的功能又是由阶段训练计划中特定的训练阶段、训练目标和运动员的训练状态决定的。制订周训练计划时,必须考虑以下8个基本因素:①周训练目标;②周训练课的次数;③每次课的训练时间;④每次课的训练内容、重点及其比重;⑤每次课的训练手段与方法;⑥周训练负荷的变化节奏;⑦每次训练课的量与强度;⑧在准备期中,同质(如训练目标、内容、手段、方法)的周训练计划可以重复2~3次,但是,随着周期的延续,训练量和训练强度则应递增。

(五)课堂计划

课堂训练计划应该包括4部分。

一是训练课的任务或目标(约5分钟)。训练课的任务(或目标)一般为2~3项,但不超过3项。这些目标必须与周训练计划的目标、运动员的能力水准相契合。宣布课时训练科目,说明每个科目训练的目标,解释训练科目的重点与难点。

二是准备部分(约30分钟)。热身活动由一般热身和专项热身两个部分组成。一般热身常由较长时间低中强度的各种行进间步法练习开始,随即进行各种全身静力性拉伸运动,最后亦可安排一些递增速率低于专项的球类游戏。专项热身必须根据训练课时的科目,选用与之相匹配的、能够改进专项运动能力的动作技术练习。

三是主体部分(约75分钟)。主体部分内容一般有技术动作学习,技术或战术磨炼,发展速度和协调性,发展力量和耐力。每一项训练内容都需有手段、组织形式、要求、数量、时间和强度的说明。

四是结束部分(约10分钟)。采用低负荷的活动性游戏或慢跑后,进行伸展肌肉的恢复性活动。

三、排球运动技术与战术训练方法

(一)提升基本技术运用能力

1.运用移动练习手段强化

据统计,一场高水平的排球比赛,男、女选手移动的平均距离分别为900米和1000米。其中,3米以内的移动占50%,6米以内的移动占95%。除发球技术以外,其他基本技术都是在移动过程中完成的。因此,在强调动作方法规格化的前提下,采用变换练习条件(变换来球的性能,变换移动距离、速度和方向,变换连接技术)和变换运动负荷(变换间歇方式,变换练习人数,变换组数和次数,变换完成指标的质与量)的变换练习法,对二传、攻手、接发球、接扣球、拦网队员进行不同步法的移动训练,不仅可以改进、提高、巩固、强化基本技术运用过程中人—球保持的时空能力,而且能够有效提高训练的密度、强度和难度。

2.运用技术串联的练习手段强化

在排球比赛的一个回合中,基本技术是以发、垫、传、扣、拦的顺序出现的。而在多回合的对抗中,往往又是以拦、垫、传、扣的顺序出现。因此,依据比赛过程中基本技术运用的基本规律,将各项技术按实战的需要,在教练的掌握与控制下进行"技术串联"训练,不仅有利于提高单个基本技术运用的规格化程度,有利于发展基本技术的运用意识,而且有利于增大基本技术训练的密度、强度和难度。此法特别适用于准备期训练中对技术操作模式的调整和对比赛技术动作的改造。一般而言,在准备期的前期,多采用以磨炼基本技术为目的的2项基本技术的串联训练;而在准备期的后期,为逐步适应战术训练的需要,则多采用3项或3项以上基本技术的串联训练。

3.通过对抗强化

技术对抗是排球运动竞技的一个基本特征。从这个意义上说,排球基本技术只有在对抗中进行训练,才能真正解决其在实战过程中运用效率的问题。因此,在基本技术训练时,依据训练目标、训练内容、训练条件,合理选择对抗训练的对立面(教练员、陪打员、老队员),进行攻击性强于防御性的基本技术对抗训练,不仅可以大幅度提高防御技术的运用能力,而且可以加大基本技术训练的密度、强度和难度。此法多用于准备期中发展基本技术运用能力的提高阶段。

4.通过竞赛强化

竞赛具有强烈的挑战性。在基本技术训练过程中纳入竞赛的元素，不仅有利于激发运动员训练的积极性，而且有利于提高训练的效果，更有利于有效地培养与发展运动员对竞赛心理的承受和调节能力。竞赛的形式可以在2~3人或2~4人组成的小组间进行，也可以在主力与替补之间开展。竞赛的内容可以是单项技术成功率，也可以是单位时间内单项技术或者技术串联完成的速度和质量。竞赛的条件可以是简单条件下完成技术的质量，也可以是在对抗中完成技术的质量，还可以在正式比赛中通过额定指标的完成数量来进行。不论何种类型的比赛，均需设定“施加心理压力的要素”，例如误判、错判、反判等最容易导致运动员产生心理障碍的运动情境。

5.通过强对抗强化基本技术的串联训练

技术串联的练习手段虽然是个强化基本技术及其运用能力的有效的训练方法，但是在强对抗的条件下进行基本技术串联训练，则对基本技术的运用能力提出更高的要求。因此，使用接发球条件下的扣拦对抗、调整传球条件下的扣拦对抗、发球条件下的攻防对抗练习手段，不仅对网上争夺的基本技术及其运用能力的改进、提高与巩固起到积极的强化作用，而且还带动攻防链中各保障环节（相关的基本技术）运用能力的提高与发展。此法多用于比赛中解决本队薄弱技术环节的针对性训练。

（二）提升战术训练质量的方法

战术训练是阶段训练中准备期里强化阶段和比赛期内的主要任务之一，训练效率与质量直接关系到比赛的成绩。其训练方法主要有3种。

第一是强化攻防链的环节训练。排球比赛，从战术的角度上说，有接发球及其进攻系统，接扣球及其进攻系统，接拦回球及其进攻系统，以及接垫、传球及其进攻系统4个战术系统。无论哪种战术系统，都有相应的战术环节，例如接扣球及其进攻系统中的扣—拦、拦—防、防—调、调—扣等一系列战术环节。克服攻防链上的某一个薄弱环节，就能提高某个战术系统的运作效率，就能提高总体战术系统(四攻系统)的作战能力。在进行攻防链的环节训练时注意:①应以本队的战术打法为依据,以贯彻本队战术意图为准绳,以强调战术运用意识为宗旨;②应分清主次轻重,抓住重点环节,狠抓薄弱环节,选择具有针对性的技术串联练习手段,采用重复训练法、变换训练法、比赛训练法进行长期训练。

第二是强化轮次配合训练。排球比赛的战术过程是通过攻防回合体现的,而特定的攻防回合又是由特定的攻防轮次完成的。因此,攻防轮次就成为攻防回合的最基本的战术单位。从这个意义上说,强化轮次配合训练无疑是提高球队战斗力的一个基本途径。轮次配合训练具有强烈的针对性:①发挥本队某种配合的特长;②克服制约全队总体战斗力水准的薄弱轮次;③学习、巩固与提高某个轮次全新的攻防打法的套路。轮次配合强化训练应视特定的状况选择不同水准的对立面,以控制训练的难度和接近实战的程度。

第三是成队对抗训练。赛前训练的重要内容,是最常用、最接近实战并能有效提高队伍整体一攻和防反能力的综合训练。依据成队对抗训练的特定时效需求,这种训练必须在模拟实战情景的条件下进行。从这个意义上说,在进行成队对抗训练时,采用模拟竞赛压力心境的训练手段,则更加符合赛前训练的需求。因此,应把握运动员最容易产生心理障碍的特征——害怕自己失误,及时、正确地对其施加心理压力。例如:规定主力阵容达到25分时,替补方不得超过20分;在关键局和关键分时,替补方扣死一球得2分,主力方拦死一球得0.5分;替补方发球破攻得2分,主力方发球失误扣2分等。此外,为达成网上扣球与拦球强对抗的训练意图,可以聘请陪打予以强化。

技术是战术实施的制约因素,或者说战术是技术的函数。因此,不论采用何种提高战术训练质量的训练方法,在训练过程中,均应注重技术训练的因素,即在战术训练中既要练技术,又要提高技术运用的意识。

第二章 排球运动的基础技术训练

第一节 准备姿势和移动

准备姿势和移动属于排球的无球技术，是排球运动中各项有球技术的前提，对各项技术动作的运用起到基础性的作用。

一、准备姿势

（一）动作类型

根据身体重心高度不同，排球运动准备姿势可以归为以下三种类型：

1.稍蹲

在不需要快速反应的情况下，如扣球助跑前、球处于对方进攻状态时，一般采用稍蹲准备姿势。这种姿势通过微弯膝盖和保持平衡的方式，使运动员能够更加敏捷地移动并迅速作出反应。保持上半身的直立，挺胸收腹，则有助于保持稳定性，使运动员能够更加轻松地保持警觉并作出准确的动作。此外，通过注视球场，运动员可以更好地观察球的运动轨迹，从而更有效地应对球的方向和速度。在稍蹲准备姿势中，运动员随时准备作出移动、跳跃或其他反应，因此这一姿势的稳定性和准备性至关重要。

2.半蹲

半蹲姿势的重心比稍蹲姿势更低一些，通常应用于接发球、传球、拦网等技术动作中。该姿势要求一只脚在前，双脚脚尖稍微向内，双脚稍比肩宽左右开立，脚跟提起，膝关节保持一定角度（100°～110°）的弯曲。上半身自然前倾，重心稍向前，膝盖与前脚掌应在同一垂直线上，双臂放松自然弯曲，双手置于胸前。这种姿势需要适当放松，同时注意时刻关注来球方向，全身肌肉无需过于紧张，两腿始终保持随时启动的状态。

3.低蹲

低蹲准备姿势主要应用于防守和各种保护技术动作中，由于重心较低，因此更便于倒地、插入球下和防守低远球。相比前面两种姿势，低蹲姿势的双脚占据的空间更大，重心更靠前、更低。双腿膝关节更加弯曲，膝关节的垂直线超过脚尖位置，肩部垂直线超过膝关节位置，手臂放在胸、腹部之前，肘关节垂直线超过膝关节。

（二）训练方式

第一，观察教练的手势动作。运动员呈2～4列横队站立，当教练向前平举手时，运动员做半蹲动作；向上举手时，运动员做稍蹲动作；向下举手时，运动员做低蹲动作，如此反复进行。

第二，听从口令执行动作。运动员成单队绕排球场地慢跑，听到教练口令后，立即停跑并执行相应动作。教练喊“发球”，运动员做半蹲动作；喊“扣球”，运动员做低蹲动作；喊“传球”，运动员做稍蹲动作。

第三，完成原地俯卧撑3～5次后，立即起身做好准备姿势。

二、移动技术

（一）动作类型

运动员从起动到制动的人体位移过程称为移动。它由起动、移动步法和制动三个部分组成。

1.起动

起动是移动发力的开始，而移动的关键则在于起动速度的大小。起动速度主要取决于正确的准备姿势以及运动员的反应速度。在比赛中，运动员根据实际情况采用不同的准备姿势，以应对不同的情况，这样做的目的是能够随时随地改变自身的移动方向和移动速度。

2.移动步法

(1)并步与滑步。使用并步移动的情况通常是当球与身体相距约一步时。在这种情况下,需要向前移动身体,后腿要用力蹬地,前脚向球的方向跨出一步,后腿随后跟上。当球离开身体侧面较远时,我们可以采取连续并步的方式逐渐靠近球,这种连续的并步称为滑步。

(2)跑步。当球与身体的距离较远时,需要采用跑步的形式。在进行跑步移动时,双手臂要与身体的前后摆动相配合。当球飞来时,需要一边跑一边转身,并逐渐降低身体的重心,随时准备击球。

(3)交叉步。以右交叉步为例进行说明。上半身先稍微向右转,左脚从右脚的前面迈出,然后右脚向右边跨出一步,这些动作连贯完成,与此同时向来球方向转动,准备好击球姿势。左交叉步与右交叉步方向相反,动作相同。

(4)跨步和跨跳步。跨步的移动距离比交叉步近一些,主要用于接1～2米的低球。在移动时,步子要迈大一些,身体重心要低。例如,向前移动时,后脚需要用力蹬地,然后前脚向前迈出一大步,膝关节弯曲,身体重心从后腿移动到前腿,方向可为前方、斜前或侧方。跨跳步是在跨步的过程中跳跃腾空的动作。

3.制动

击球开始前需要制动,以结束移动动作。一步制动法和两步制动法是常用的制动方法。

(1)一步制动法。一步制动的要领是,在最后一步加大步幅的同时,逐渐降低身体的重心,稍微将脚尖和膝关节向内旋,然后保持全脚掌横向蹬地,利用摩擦力阻止身体继续向前移动。同时,上半身需要运用腰腹的力量来进行平衡调节。

(2)两步制动法。两步制动法的要领是,在第二步开始前进行第一次制动动作,紧接着在迈出第二步时完成第二次制动。

(二)训练方式

第一,两人相向站立,双手互拉,准备姿势为半蹲。由指导者引导完成向左、右、前、后的一步移动动作,另一人跟随完成动作。

第二，开始时采用半蹲姿势准备，收到教练信号后进行前、后、左、右的交叉步移动动作。

第三，两人一组，其中一人先进行准备姿势和移动动作，另一人进行动作纠正。然后两人交换角色，轮流练习。

第四，两人一组，进行移动接地滚球练习。

第五，两人一组，其中一人将球向前、后、左、右抛出，另一人根据球的移动进行相应的移动，并接住球。

第六，三人一组，围绕三角障碍物任意移动，其中一个人追赶，另外两个人按事先规定的移动步法移动。

第七，在指定的场地内从一侧边线移动到另一侧边线，滑步和交叉步是常用的步法。

第八，在中线和进攻线之间进行前进和后退跑动。转向时，要求手触碰中线和进攻线。

第二节 发球技术训练

排球的基本技术中，最重要的技术是发球技术。发出攻击性强的球是得分的重要手段，因为它能够掌握场上的主动权，使对手陷入被动。在比赛中，如果能够以强有力的发球先发制人，将有效地扰乱对手的进攻战术，使其陷入防守困境，同时减轻自身的防守压力。可以说，运动员娴熟地掌握接发球动作要领，是赢得排球比赛的关键。

另外，好的发球还能起到鼓舞己方球员士气的效果，一旦占据了主动权，对手在心理上难免会受到影响，出现阵型混乱、技术失误的可能性也会增加。可见，发球在排球基本技术中的意义是非同寻常的，对比赛局面的影响是举足轻重的。因此，为了减少和不出现发球失误，发球员应该提高发球的稳定性，在此基础上增加发球的准确性和攻击性。

排球的发展在很大程度上与排球技术、战术的提高有着紧密的联系。排球运动发展到今天,其技术、战术水平已经达到了极高的水平。其中,发球技术水平的提高是最为明显的。

现今,世界各国的排球队都十分重视发球技术的改进与提高,试图找到一种能够打破发球与一传平衡局面的最有效的方法。如今最流行的发球技术是远或近距离发平冲重飘球和跳发大力球,这两种技术的发球有着较强的攻击性。

一、发球技术的基本原则

发球技术的种类有很多。不过,任何一种发球都要遵循以下原则:

第一,平稳抛球。抛球是发球的必要动作,可以使用单手或双手。无论是单手还是双手,抛球时必须确保平稳,以确保抛球的高度和落点准确无误。

第二,击球准确。准确的击球包括两个方面:手部与球相接触的位置准确以及球的击出方向准确。根据不同的发球方式,选择恰当的手部位置来击球。例如,采用下手球方式发球时,应该使用手掌或虎口击球,并且击中球的下部。此外,还要确保球飞向预定的方向,这需要在击球时将手上的力量指向指定的方向。

第三,正确的击球手法。击球手法直接影响发球的质量,而且采用不同的手法可以产生不同的发球效果:采用正面上手发球时,应该使用全掌击球,击中球的后中下部,手腕和手掌应该向前推压;采用正面上手飘球时,应该使用手掌或掌根击球,掌接触球的时间很短,但力量很大,伴随着突然的停顿动作。

二、发球技术的动作类型

(一)正面上手发球

正面上手发球技术的优势比较明显。因为发球员面对球网,发球时视野较广,能够清晰、全面地观察对方场区和球员动向,这极大增强了球落点的准确性。此外,该发球技术利用了充分的腹力,使挥臂速度迅速加快,从而使球具有力量大、速度快、弧线平等优点。这种发球具有较强的攻击性,并且易于控制。

具体如下：

第一，准备姿势。发球员面对球网，双脚张开，左脚在前，右脚在后，左手持球并放在腹部前面。

第二，抛球摆臂。用左手抛球，使球以适当的力量抛出，使其最高点略高于右肩，同时右臂弯曲向后摆动，摆动到肘部与肩膀同高时，张开手掌，形成自然的勺状，上半身稍向右侧转动，保持挺胸抬头，平展腹部，将身体重心放在左脚上。

第三，挥臂击球。两脚蹬地的同时，上半身开始向左转并收腹，将力量集中到右臂上，以肩膀为中心迅速挥动右臂，用全手掌对球的后中下方击球。值得注意的是，在击球时，右臂应尽量避免弯曲，尽可能伸直，手掌和手腕应迅速推压，使球以上旋方式飞行。

（二）正面下手发球

正面下手发球技术在排球中被视为一种基础技术，相对于其他发球技术来说，其动作相对简单，初学者较容易掌握。然而，尽管其容易上手，但在速度和力量方面相对缺乏优势，在攻击性方面略显不足。作为排球发球的基础技术，初学者应当优先学习和掌握正面下手发球。

具体如下：

第一，准备姿势。发球员应面向球网，双脚分开站立，左脚在前，右脚在后，膝盖稍微弯曲，上半身向前倾斜，左手持球并置于腹部稍下位置。

第二，抛球摆臂。左手应当以适当的力量将球向上抛出，使其最高点在离手约30厘米的位置，位于腹部右侧，同时右臂伸直并向后摆动。

第三，挥臂击球。右臂挥动的同时，右脚蹬地，右臂以肩关节为轴心从后向前摆动，身体重心也随之转移到身前，用全掌或掌根击球，瞄准球的后下方。

（三）侧面下手发球

侧面下手发球技术与正面下手发球一样，都很适合初学者学习和掌握。这种发球技术具有简单易学、稳定省力的优点。然而，它也存在明显的劣势，包括威力小、球速慢、攻击性差。作为基础发球技术，学习和掌握它是十分必要的。

具体如下：

第一，准备姿势。发球员应面向球网，双脚分开与肩同宽，膝盖稍微弯曲，上半身向前倾，左手持球并放在腹前。

第二，抛球摆臂。左手用力适当地向前抛球，使球与腹部之间的距离大约为一臂长，抛球最高点距离手部约30厘米，同时右臂伸直向后摆动。

第三，挥臂击球。右脚蹬地的同时，身体向左侧转动，右臂向前上方挥动，利用全掌或掌根击球，球的方向朝后下方。

（四）正面上手飘球

正面上手飘球发球技术发球使球飞行时球体不旋转，像飘过一样，同时伴随着难以预测的转向晃动。对方球员面对来球，很难判断出球飞行的轨迹，这就给对手接发球带来很大难度。现在，排球比赛中最流行的发球技术便是正面上手飘球。

具体如下：

第一，准备姿势。站立姿势与正面上手发球相同，站位根据正面上手飘球种类的不同而有一些变化。发远距离飘球时，要站在离端线较远的位置；发近距离飘球时，要站在离端线较近的位置。

第二，抛球摆臂。左手抛球，用力适当，球抛出后与身体之间大约为半臂的距离，其最高点大约比右侧肩膀稍高，右臂弯曲，小臂抬起向后摆动，手臂抬至肘部与肩膀同高，眼睛看着球。

第三，挥臂击球。收腹并快速挥臂，对着球的后中下部用掌根击球。击球时，掌心对着前方，五指并拢，手腕绷紧后压，击球的速度要快，手部完成击球后，动作瞬间暂停，也可以向下拖动。击球时不要推球，也不要压球。

（五）勾手飘球

勾手飘球发出的球也是不旋转的，与正面上手飘球相同，球飞行时在空中晃动、转向，给对方球员接发球带来很大困难。勾手飘球的攻击性强，发球还很省力。该发球技术在现在的比赛中也是比较常用的。

1.动作要点

(1)准备姿势。发球员以左侧身体对着球网，两脚分开，与肩同宽，身体重心移至两脚之间，左手持球并置于胸腹前方。

(2)抛球摆臂。左手抛球，用力适当，将球抛至左肩前上方，同时伸直右臂向后下摆臂，将身体重心放在右脚上。

(3)挥臂击球。右脚蹬地，身体转向左侧，右手臂随之挥动，用掌根击球的后中下部。击球时，手腕绷紧后仰，将力量集中在一点，注意不要推压球。

2.注意事项

勾手飘球在比赛中使用率较高，并且具有一定的难度，因此，掌握勾手飘球的要领是至关重要的，这可以提高发球的质量，降低发球失误率。在勾手飘球时，需要注意以下技术要领：

(1)稳定抛出球：确保将球稳定抛出，抛出的高度应与个人身高和臂长相适宜，以确保击球的动作和力量准确适当。此外，要注意控制好抛球的位置和球与身体间的距离。

(2)协调的动作：发球的动作要协调，包括转身、挥臂和击球的动作，它们应该是连贯的。动作的协调性和连贯性对于凝聚全身力量至关重要。有些人错误地认为动作幅度大就可以发挥最大的力量，但实际上这是错误的。勾手飘球时，挥臂动作小一些不会影响发球质量，相反，动作不够协调连贯才会导致发球失误。

(3)准确的击球位置：发球时，击球的位置要准确，包括手的击球部位以及击中球体的位置，这是确保力量传导至球体重心的关键。击球时，手臂沿着直线摆动并迅速加速，用掌根和两块腕骨击中球的后中下部。这个部位很坚硬，可以让作用力通过球体重心。在击球的瞬间，手掌和手腕应尽量绷紧，不要使用推力，手腕也不要弯曲，这样球在空中飞行时才不会自体旋转。

（六）勾手大力发球

勾手大力发球技术的动作要领是：转体、收腹、挥臂、击球。其特点是力量大、速度快，大力旋转和威力强。这种发球极具攻击性，对方球员在接发球时会感到十分困难，同时还会给对手以极大的心理震慑力。但是，要发出高质量的勾手大力发球可不是一件简单的事。该技术的动作复杂度高，要求发球员准确完成发球动作，同时还需要发球员有足够的体力进行大力击球。基于以上原因，用该技术发球出现失误的概率较大。

具体如下：

第一，准备姿势。发球员的左侧身体对着球网，两脚开立，两脚的距离与肩膀同宽，两膝弯曲，上半身向前方倾斜，身体重心移动到两脚之间，左手或双手持球置于胸部与腹部之间的前方。

第二，抛球摆臂。将球抛出，球抛出后其最高点大约与左肩膀平行，球与手之间的距离约为1米，右腿膝盖弯曲，将身体重心放在右脚上，上半身转向右侧，并向右倾斜，右臂摆向后下方，挺胸抬头，眼睛看着抛出的球。

第三，挥臂击球。右脚大力蹬地，身体转向左侧，手臂沿弧线路线挥动。此时，将身体的重心放在左脚上，伸直右手手臂，张开五指，手掌形成自然的勺形，对着球的后中下部用全手掌击球。手掌击中球的瞬间，手腕和手掌向前推压球体，给球一个向上旋转的力，球发出后会上旋着飞向对方场区。

发球技术为个人技术，发球质量取决于发球员发球技术的高低。在实际比赛中，发球员应当了解场上情况，使用适当的发球技术，以此来获得场上主动权，达到进攻的目的。每个排球运动员都要熟练掌握发球的基本技术，提高发球的稳定性和准确性，并尽可能地提高发球的攻击性。根据赛场上的情况，采用恰当的发球技术，将发球融入团队战术之中，把发球所带来的优势发挥到最大。

三、发球技术的训练方式

第一，抛球。运动员进行抛球练习，确保球不能离手，并模拟击球动作如引臂、摆臂。教练可口头指导运动员集体动作，以协调节奏。

第二，自抛球。运动员找固定不动的参照物进行自抛练习，或在原地进行自抛。确保抛出的球平稳无旋转，高度相对固定。

第三，抛球配合挥臂动作练习。进行抛球后，紧接着进行挥臂动作，但不击球。

第四，击固定球。每组两人，一人击球，另一人将球举到击球点高度以协助。

第五，单手掷球比赛。根据人数分组，预先确定掷球目标，如一条直线。比较各组命中率，命中率高者胜出。

第六，对墙近距离发球练习。选一墙壁作为目标，在距离墙6米处发球，逐渐增加距离至9米。

第七，距网6米发球练习。每两人一组，在距离球网6米处发球，逐渐增加距离，增加难度。

第八，在发球区内发球练习。①将全队分成2～4个小组，轮流发球。制定积分和胜负规则，发球攻击性强得2分，次之得1分，失误记0分，率先达到规定分数者获胜；②练习提高发球稳定性，要求连续发若干个攻击性强的好球，一旦失误1个球就扣除1个好球，普通球不计分；③在排球场发球区划分A、B、C、D四个区域，分别在10～12米、12～14米、14～16米、16～18米处。依次使发球落点在各区内，难度逐渐增加。

第三节 传球技术训练

传球技术在排球运动中扮演着举足轻重的角色，它不仅仅是球场上的一种技术动作，更是整个球队运转的核心。作为连接进攻和防守的桥梁，二传手肩负着巨大的责任。任何一个无谓的失误都可能给球队带来毁灭性的打击，直接决定着比赛的胜负。二传手是整个球队的核心，他们不仅要承担起进攻和防守的主要组织者的角色，还需要具备全局意识，在比赛中能够准确地洞察比赛的趋势，发现对手的弱点。无论是进攻还是防守，都需要他们保持高昂的斗志，同时保持头脑的冷静和谨慎。

此外，优秀的二传手还必须具备敏捷的手指和手腕，以及对排球飞行轨迹的敏锐感知能力，以便在比赛中迅速作出反应，并争取场上的主导地位。除了组织进攻和防守外，二传手还必须精通传球技术，不断提高双手对排球的控制能力，以实现接近完美的传球准确率。这不仅有助于确保球队在技术水平上的完美发挥，还能有效地扰乱对手的防守节奏，从而发起快速而有力的进攻，最终取得比赛的胜利。

一、传球技术的动作类型

排球运动中的传球技术种类丰富多样，包括正面双手传球、侧面双手传球、背向双手传球、跳传等。

（一）正面双手传球

正面双手传球技术需要队员准确判断球的飞行轨迹和落点，然后迅速移动到击球位置，调整身体姿势以对准传球方向。当球与身体逐渐拉近且接近头顶时，双手应举起做好迎球准备；同时，双脚应蹬地，挺胸并展开双臂，集中力量于手臂和手腕，以准备传球。在传球之前，双脚应左右分开站立，一只脚稍稍靠前，脚尖着地，而后脚跟则稍微离开地面，膝盖轻微弯曲，将身体重心移到稍靠前的位置。上半身可以略微向前倾斜，但不可后仰；同时，肩关节应放松。在传球动作中，肘部应弯曲，手臂上举，双手放在额前；肘部应放松，腕部稍微向后仰；手指应自然伸展，手型呈半球形，手指关节微曲。

“三屈，二仰，一稳定”是传球前身体姿势的基本要点。其中，“三屈”指的是膝关节、髋关节和肘关节都要有一定的弯曲度；“二仰”表示将头部抬起，以仰视来球，同时手腕朝后仰并对准来球；“一稳定”则是指保持身体重心的稳定。

在击球前，双手置于额前，手腕后仰，手掌呈大半球形，抓住时机迎击来球。当手指接触到球体时，在不改变整体手形的前提下，利用手指的不同部位触球。

通常情况下，拇指触球的部位是指腹或指内侧，触及球的下部或者球的后中下方；食指和中指的触球部位面积较大，几乎覆盖整个手指及根部，触及球的后上方；无名指的触球部位是第二和第三指节；小指的触球部位是在第三指节，两只手的小指分别触及球的两个侧面。此时，两手的拇指相对，连成一线，或呈“八”字形，两手之间有一定距离，靠的不是很近，手指触球时，手掌与球之间留有一定空间。

在手指触球时，主要起缓冲球冲击力作用的是拇指、食指和中指，而无名指和小指则用来调整传球的方向，位于球的两个侧面。

第一，关于迎球动作。迎球动作并非孤立进行，而是通过下肢的膝部和髋部等动作来引发的。首先要伸展膝盖和髋部，提高身体重心位置，然后弯曲脚踝，伸展肘部，双手等待来球，选择准确的击球点，并采用正确的手型触球。迎球动作需要根据来球的力量和速度进行调整。迎球的时机至关重要，不宜过早或过晚。只有当腿部和手臂接近伸直时才能触球，否则会导致击球力量不足，出现持球和倒轮情况。如果腿部和手臂已经完全伸展开，却迟迟未触球，则会影响全身动作的协调性，传球力量也会出现偏差。身体姿势过度或不到位都是造成传球失误的主要原因。

第二，关于击球动作。当身体即将伸展时，手部触球，这样可以充分发挥身体的大肌肉群和大关节的力量。同时，全脚掌着地，手指和手腕用力将球击出。

第三，关于伴送动作。在球被击出后，双手凭借惯力跟随球的轨迹自然移动，身体的伸展动作也逐渐停止，重心移动到身体下方。

第四，关于击球点。迎球时，最佳的击球位置是球到达距离前额正前上方一个球的地方。触球时，肘部应屈起，这样在伸展手臂时可以释放出更大的力量。若击球时球超出最佳击球点，手臂无法伸直，后续的推送动作就会受到影响，不利于控球；而若击球时球未到达最佳击球点，身体动作会难以协调，击球手型也无法保证准确。

第五，关于传球的手形。手指接触到球体时，两臂弯曲，肘部下垂；展开双手，腕部微向后仰；手指关节稍稍弯曲，手呈半球形，掌心侧对，小手指对着前方，两大拇指相对，形成一条直线或者“八”字形；球的压力由拇指、食指、中指承担，无名指和小指辅助控球。手指和手腕绷紧，击球时，手指、手腕、手臂及身体各部位的力量朝着同一个方向发出。

第六，关于身体各部位协调用力。传球过程中需要身体各部位的协调用力。下肢的力量主要来自脚踝和膝盖的伸展发力以及脚蹬地产生的力。这些力量对于远距离传球或需要调整传球力量时至关重要。腰腹的力量主要来自展体、送髋和转体等动作，对于背传、变向传球和平拉开传球起着重要作用。而上肢的力量主要来自肩和手臂，通过抬臂动作产生。手臂的活动可以帮助控制球的方向，尤其是在跑动中或无法获得最佳击球点时。此外，伸肘力量也是必不可少的，它主要来自肘关节的弯曲和伸展，可以控制传球力量的大小。手指、手腕的力量与来球的冲力相互作用，产生弹力，影响着传球的速度和准确度。

下肢的力量主要来自脚踝和膝盖的伸展发力以及由脚蹬地产生的力，这些力对传球时力量的发出有较大影响。进行远距离传球或调传球时，下肢力量所起的作用是关键性的。

腰腹力量主要来自展体、送髋、转体等动作所产生的力。通常情况下，腰腹的力量对正面传球的影响不大，不需要腰腹较大幅度的动作，伸展与送髋动作不明显。但腰腹力量对背传、变向传球、平拉开传球的作用就比较大了。因此进行以上种类的传球时，腰腹动作的幅度就需要大一些。

上肢力量主要来自肩和手臂的力量，力量的方向通常是向上的，基本是通过抬臂动作产生的。手臂抬起的动作还用以控制球的方向，跑动中传球和无法获得最佳击球点时击球，就需要更多地借助手臂来控球。

伸肘力量主要来自肘关节的弯曲和伸展来产生，其屈展幅度可大可小。手臂的活动在一定空间内是自由的，工作距离可长可短，灵活运用伸肘力量可很好地控制传球力量。尤其是当下肢力量无法发挥作用或支撑力较弱时，击球就必须依靠肘部力量支持。

手指、手腕力量与来球的冲力相互作用产生弹力，这种反弹的力度主要受到球速与手指、手腕的绷紧程度的影响。

全身协调用力，用力时一定要注意发力的顺序。首先应该从大肌肉群开始发力，然后再由大肌肉群带动小肌肉群。具体包括：①伸展膝盖和髋部，身体重心提高，躯干上抬；②踝关节弯曲，抬起手臂，伸展肘部并送肩，继续提高身体重心，同时双手迎向来球；③手马上要触及球时，手腕和手指前屈，准备迎球；④触球时，关节仍在伸展中，手腕和手指发力传球。在以上过程中，蹬地、展体和伸臂动作始终在进行，这些动作是手指和手腕将球传出的基础。

（二）侧面双手传球

在进行侧面双手传球时，应该先判断球的落点，然后快速移位到球的落点下方。最佳的位置是球的下落点刚好在额前。来到最佳位置后，身体应朝向来球的方向，手指接触球前，要判断球的冲击力，以便在击球时采用适当的力量。

（三）背向双手传球

采用背向双手传球技术时，身体背对来球，上半身挺直或稍微向后仰。背向双手传球的击球点高于正面传球的击球点。迎球时，要保持挺胸和微微仰头的姿势，脚蹬地，上半身向后侧上方展开。击球时，手腕后仰，掌心朝向后上方，对着球的底部用手指击球，抬臂、送肘，手指和手腕向后上方用力，两拇指上挑，将球传出。使用背向传球技术时，应提前估计传球的距离，后背应正对着来球的方向，只有当来球与传球方向一致时，才能使背传的方向更为准确。

在正式比赛中，背向双手传球技术主要用于战术性的组织进攻模式，是二传手经常使用的一种传球技术。通过背传技术的运用，比赛中的战术进攻更加多样化，使对手难以猜透我方的作战计划的真正目的，从而可以通过出其不意的进攻让对手措手不及，从而获胜。

二、传球技术中的二传技术

（一）二传手

在整个排球比赛中，二传手起到了承上启下的过渡作用。他们不仅需要调整一传手的传球高度、角度和力度，还需在瞬息万变的比赛中制定战术，并传出高质量的球，以主动进攻形成一盘活棋。二传手的任务是确保团队掌握比赛进攻的主动权，高效完成队友间的动作配合和技术发挥，以保证进攻的有效性，并争取通过主动出击赢得对方。

因此，二传手的表现直接决定着比赛的胜负，他们是正常比赛进攻的核心，也是衔接比赛运行的关键。排球传球技术水平的高低是影响二传手发挥质量的关键因素。在正式比赛中，出色的传球技术甚至可以弥补其他方面的失误，成功地解决队伍的失分危机，摆脱场上的被动局面。同时，通过灵活运用各种传球技术，可以有效地隐藏我方的真实进攻意图，成功迷惑对手，扰乱对手阵脚，找出对手的弱点和漏洞，使其陷入被动。随后，采取有力的快速进攻，让对手因应付不及而失分。在现代排球运动中，二传手的作用越来越凸显，甚至已经成为决定比赛胜负的关键因素之一。

因此，在日常的排球运动训练中，需要加强对二传手的训练，特别是在身体素质和传球技术上的练习，以培养出在比赛中沉着冷静、体能充沛的二传手。

作为一名合格的二传手，应具备出色的判断能力，根据场上形势的变化迅速制定针对性的战略计划，并在整场比赛中保持积极的移动和跑位，高效地完成教练部署的战术计划，使我方在比赛中保持主导地位。出色的判断力要求二传手根据排球在空中的运动方向和弧线准确判断出排球的落地点，通过迅速的移动到达排球下落的位置，并为传球动作提供充足的准备时间。此外，二传手还应在传球之前仔细观察场上队员的站位情况，并迅速制定传球后的战术动作配合。完成起跳传球后，二传手要快速移动到网前组织进攻，保持头脑清醒、动作谨慎，避免因身体过线或触网而犯规。

对于一名合格的二传手来说，熟练掌握技术动作要领至关重要。因此，在平时的训练中，要重点纠正技术动作和手型，增强肢体协调性和起跳时对身体的控制能力。在实际比赛中，二传手每次面对的传球情况都是不同的，需要准确地传递每次速度、高度、力度和落点各异的排球到战略部署的进攻位置上，这是相当具有挑战性的。因此，二传手除了具备出色的身体协调能力和控球能力外，还需要在传球时采用正确的手型姿势，以确保高质量的传球，从而顺利实施进攻战术，增加得分的可能性。

除了技术的要求，二传运动员还需要具备清晰的头脑和全面的洞察力。在比赛中，他们需要时刻关注场上队员的状态和位置，尤其是对敌方防守队员和我方进攻队员的动态要有敏锐的观察。在这种情况下，二传手需要保持冷静，理性地分析局势，并及时作出战术上的调整和布局。抓住战机也是二传手的重要任务之一，他们需要迅速制定适应当前局势的进攻策略，并通过准确的传球技术将球传到合适的攻击点。

为了更好地掩盖我方的进攻意图，二传手还需要善于利用虚晃动作来误导对手，等待最佳的进攻时机出现。这需要二传手与队友之间默契的配合和超高的技术水平。总的来说，二传手不仅仅是场上的传球者，更是整个团队进攻体系的重要组成部分。只有在他们兼具技术、智慧和策略的完美结合下，球队才能够在激烈的比赛中取得胜利。

（二）调整二传

在排球比赛中，当一传手传球质量不佳、传递位置不准确或传球距离球网较远时，二传手需要进行补救，确保将排球精准传给扣球运动员，这一过程称为“调整二传”。调整二传动作与正手传球动作基本相同，但为了提高传球质量，必须严格按照规范技术动作进行。二传手在传球的线路和角度上应细致准确，同时要确保排球腾空线路与球网夹角尽量小，以便扣球手进行起跳助跑。角度过大会影响攻击质量，降低得分成功率。传球过程中，二传手还需注意排球的弧线距离球网的合适性，尽量使排球弧线与球网的距离适中，保持低速、高弧线运动。为了使扣球手能够充分发挥扣球技术水平，二传手需将排球成功传至扣球运动员的前方。在传球时，应用力蹬地，身体保持放松伸展状态，手臂直伸，手指和手腕弯曲，用力将排球向前平稳推出。

（三）传快球

为了充分发挥扣杀快球的强劲攻击作用，扣快球需要二传手、一传手和扣球手之间形成默契配合，而二传手在其中扮演着重要的角色。二传手需要深入了解一传手和扣球手的技术动作特点，尤其是掌握一传手的传球速度和弧线，以及扣球手的助跑节奏、角度、起跳时间以及挥臂速度和力度等方面的情况。掌握这些信息后，二传手在传快球时需要承上启下，既要成功接到一传手的传球，又要快速调整排球的方向和角度，以确保传球的高度和速度适合扣球手进行直接扣杀，从而形成具有威胁性的有效进攻。

针对不同类型的传扣快球技术，二传手需要采取不同的动作标准。例如，当进行短平快球传球动作时，二传手需要迅速向前传出平弧线球轨迹运行的排球，扣球手在距离二传手2~3厘米处助跑起跳进行扣球；而在进行半快球传球动作时，二传手则需要控制排球的高度，通常要高于两个半球的高度为最佳；另外，在进行近体快球传球动作时，二传手需要尽量将球传得高一些，最好高出球网30~40厘米的距离，并通过肘关节、腕关节和手指关节的协调配合将排球传出。

除了上述的二传技术，还有正面二传和背向二传，它们与传球技术的动作要领基本一致。要成为一名出色的排球运动二传手，除了平时要进行刻苦的训练外，持之以恒、勇于吃苦的毅力是必不可少的，同时科学合理的技术训练内容也至关重要。正确的训练方式不仅能有效避免肢体运动伤害，还能在有效时间内最大程度地提升运动员的技术水平和战术水平，从而提前达到预期的训练效果。

三、传球技术的训练方式

传球技术的多样性确实给运动员提供了丰富的选择，但基础性的传球技法至关重要。正面双手传球是其中之一，其熟练掌握对于运动员至关重要。训练的初期应注重正面原地双手传球，逐步过渡到变换位置和角度的双手正面移动传球。在此基础上，运动员可以利用球网进行背向传球、跳传、调整传球以及传快球等技术练习，以提高技术水平。通过综合性的训练，将传球技术动作与其他技术动作相结合，进行组织对抗训练，着重练习二传与各种技术动作之间的衔接与配合。这样的训练方式可以帮助运动员全面提升传球技术水平，并在比赛中灵活运用。

第一，正面双手传球训练法。运动员在进行持球训练之前，应首先进行徒手模仿传球技术动作的练习。这一训练环节不仅让运动员重视技术动作姿势的规范与标准，同时让其无形中理解每个动作衔接的意义，使其在进行传球动作时能够习惯专注又放松的状态。在模拟传球训练时，运动员需注重身体各部位的协调配合，尤其是手臂、手腕和手指间技法的精准配合。

第二，原地传球训练。当模拟训练过关后，即可开始进行原地传球技术的练习。在训练过程中，应注意接传球的手型是否标准正确；在传球时，需找准最佳击球点，保持身体动作的协调，并确保用力均匀。练习原地传球的方式多种多样，包括原地对墙传、原地自传、两人一组传和三人一组三角传等。

第三，移动传球训练。运动员需要在练习中迅速移动跑位，准确判断排球的下落点，始终保持正面传球的角度。移动传球也包括多种训练方式，如双人移动式对传、双人网前移动传球、三人跑动传球、四人后排插上移动传球和四人三角跑动传球等。

第四，综合性实战传球训练。运动员可选择三人一组进行训练，通过发球、垫球的顺序进行控球训练，也可采取扣球、拦网、调整球的模式进行练习，使运动员习惯于传球与其他技术动作的连贯配合。综合性实战传球的练习方式多种多样，运动员可根据个人需要提高的技巧进行针对性训练，自由搭配战术性动作。在练习中，要尽可能涵盖各种对抗状况的模拟训练，这样在正式比赛中，就不会因突发状况而慌乱无章，避免对手乘虚而入，保持己方队伍在比赛中的主动性。

四、传球技术的纠正练习

运动员在排球比赛中确实面临着难以找准击球点、控制传球力度和角度的问题，这会影响到他们的传球准确性和效果。这与运动员掌握击球技术的关键因素密切相关。为了解决这些问题，运动员需要培养传球的手感，找到适合自己的击球方式，避免僵化的传球动作，以确保传球的顺畅和准确。他们需要专注于训练自己的移步节奏，以确保身体与大脑的协调，避免在击球过程中出现犹豫和停顿，错过最佳的击球时机。教练应该不断向运动员灌输传球的要领，进行动作示范，让运动员在观摩中发现自己的不足之处，并加以改进。

另外，在日常训练中，教练还应该进行综合性的实战传球训练，将传球技术动作与其他技术动作结合起来，特别注重运动员对排球落地点的判断和移动速度的节奏感。例如，进行两人一组的排球抛传练习，这有助于提升运动员的传接球技术水平，并加强对排球击球点的判断力。

传球手型姿势的标准程度是影响传球质量的重要因素。双手触球的位置有严格规定，两手触球的距离过远、过近或者一上一下，以及每个手指触球的姿势都是影响传球质量的关键因素。因此，在日常训练中，教练需要经常纠正运动员的传球手型，培养良好的姿势习惯。特别是对于排球运动的初学者，培养良好的手型在初期训练中至关重要，为他们未来快速提高传球技术奠定坚实基础。对于已经养成错误传球习惯的运动员，需要在训练中反复纠正，加大传球训练的内容和强度，通过徒手传球的模仿性训练、墙传球、传实心球等训练方式，牢记标准的传球手型，改正错误的传球手型。

身体各部位之间缺乏协调配合也是影响传球技术水平提高的主要障碍。

双臂传球和腿部蹬地之间必须形成紧密的配合,以保证整体动作的流畅性和节奏。因此,运动员在进行墙传球等训练时,应该注重感受四肢力量和技术动作的配合,及时纠正自身动作协调性上的不足。此外,专项身体素质训练是非常必要的,教练可以根据运动员的动作习惯制定针对性的训练内容,以提高运动员对身体的控制能力,增强身体各部分的协调性。例如,让运动员在训练中进行反向动作,改变习惯性的运动节奏和频率等,通过非习惯性的训练使运动员体会到手臂直伸与双腿蹬地的协作概念,从而提高身体的协调水平。

在排球比赛中,传球环节的重要性不言而喻。传球手需要在传球时把握好时机,确保排球传递的流畅性和准确性,从而为球队创造更多的进攻机会。然而,传球手在传球过程中会出现一些常见的问题,比如传球时机选择不当、传球距离不准确等。传球手需要正确选择最佳的传球时机。过早或过晚地伸出手臂都会导致传球过程的不连贯,降低传球质量,从而影响整个进攻的效果。这通常是因为运动员在传球过程中缺乏对排球运行轨迹的准确把握,以及对接球技术动作要领的理解存在偏差。手指和手腕的稳定性对于传球的准确性至关重要,必须保持适当的紧绷状态,并具备一定的弹击力,以确保排球能够高质量地传出。

为了解决这些问题,日常训练中需要教练的耐心指导和运动员的刻苦训练。教练应该重点讲解传球技术动作的技术要领,特别是针对迎击和伸送动作的过渡转折,确保传球时机的把握和力度、速度的控制。同时,加强运动员手指和手腕处的力量训练也是必不可少的,可以通过多种方式进行,如传接练习、手抓铅球等。

五、传球训练的注意事项

教练要调整好排球训练的教学内容,整个训练周期要有明确的重点。建议排球教练应该高度重视传球训练,因为传球在排球运动中扮演着关键的角色,是球队竞技水平提升的基础。因此,要打造一支强大的排球队,每位运动员都必须掌握出色的传球技术,并且将其与其他排球技术相结合,使整个团队既具备出色的进攻能力又具备优秀的防守能力。广大排球教练应该摒弃传统的训练模式,认识到传球技术对于每位排球运动员的重要性。

现代排球运动越来越重视组织复杂的战术性进攻,这要求场上所有队员都积极参与进攻得分。作为防守方,球队需要全员参与强力的密集防守,这加快了比赛的节奏,使竞争更加激烈。要保持一流水平,就必须勇于创新,适应现代排球运动的发展趋势。因此,教练在针对二传手进行传球训练的同时,也应该重视全体运动员的传球技术练习,让每位运动员意识到传球技术在比赛中的关键作用。通过持续的技术练习,提高整个球队的传球技术水平,减少比赛中的失误率。

为了在短时间内尽快提升所有运动员的传球技术水平,教练需要时常耐心地讲解完整的传球技术要领,必要时还需进行标准的示范,让运动员更加立体地感受到技术动作的概念。特别对于排球运动员新手来说,对传球技术动作建立准确规范的概念是避免走弯路的有效途径。教练在进行传球技术动作拆分讲解时,要做到准确详细,使运动员明确传球的手型、击球的位置与力度、手臂迎击和伸送等动作要领,在全面正确理解概念的基础上再进行实践操作,能使训练效率得到大幅度的提升。

在现代排球比赛中,二传手依然是球队中组织进攻与防守的核心人物。因此,对于教练来说,培养出优秀的二传手是至关重要的。教练需要具备发掘运动员竞技潜能的能力,首先选择具备二传手品质的运动员。一位出色的二传手需要具备战术性思维,在完成比赛任务时迅速果断,意志坚定,勇于承担责任,并保持清醒的头脑和敏锐的判断力。同时,作为团队的领导者,身体素质和技术动作都必须十分出色,二传技术必须娴熟,能够增强队员之间的凝聚力,并提高整个团队的作战斗志。在熟悉所有队员技术特点的基础上,制定高效的进攻计划。这些都是一名优秀的二传手应具备的素质。因此,教练在日常训练中应该加强对二传手的训练,并且安排科学、系统、严格的训练内容。

此外，在日常训练中还应结合比赛实际情况进行模拟训练，并经常进行比赛对抗练习。这样不仅培养了二传手的实战能力，也增强了整个团队的作战配合能力，使他们能够在正式比赛中冷静应对各种情况，充分发挥整体竞技水平，争取在排球比赛中取得佳绩。

第四节 垫球技术训练

垫球技术主要用来接球，如接发球、接扣球、接拦回球等。这是一项基本的排球技术，其技术手法也比较容易掌握。排球技术中垫球技术用途广、较易学，掌握了垫球技术就能进行简单的排球小比赛并体验排球的乐趣。接发球和接扣球是防守反攻的基础，垫球的重要性也体现在此。它也是占据场上主动权的主要方式之一，通过质量高的垫球可以争取得分，使防守更严密，降低失分率。

一、垫球技术的常用动作

比赛中会用到多种垫球方式，最常用的垫球技术有六种，分别是正面垫球、侧面双手垫球、单手垫球、背垫球、跨步垫球、挡球等。

（一）正面垫球

运动员面对来球时，身体姿势至关重要。站立时，双脚要分开略宽，脚掌贴地，保持稳定。膝盖微屈，有助于身体的灵活性。身体略微向前倾斜，这样可以更好地将重心移到前方，为击球做好准备。

双手合拢时，要注意掌心相对，双臂伸直，手腕向下。这个动作是为了迎接来球做好准备。而最佳的击球时机是球距离腹部大约一臂远的时候。这时，不仅可以更好地控制击球的力量和方向，还有足够的空间来调整手臂的角度，以确保垫球的准确性。

垫球的技术要领很重要。在击球之前，双手手臂应该在球还未完全靠近之前向下伸展。这个动作利用了手臂上抬的惯性，增加了垫球的力量。同时，腰部和脚步的动作也要跟上，将重心移至前上方，以增强击球的稳定性。

在击球的瞬间，双手臂要在同一平面上，垫球的动作和身体各部位的动作要协调一致。这样才能更好地控制球的落点和方向。而随着来球力量的不同，手臂的动作也需要相应地调整。如果来球的力量适中，手臂抬起的幅度应该适当减小，动作也不能太快。而如果来球的力量很大，就需要更多的控制，要收腹含胸，及时弯曲手肘，缓冲来球的力量，以确保球能够被正确地垫出。当来球较低且距离稍远时，垫球的方法也要相应调整。这时，可以通过弯曲手肘，抬起手腕，利用虎口和手腕之间的部位来垫球。这样可以更好地控制球的高度和方向，确保球能够准确地被垫出。

（二）侧面双手垫球

侧面双手垫球指的是双手在身体的某一侧进行垫球。这项技术通常应用于以下情况：当球速过快、球在身体侧面且距离较远，或者无法及时移动采用正面垫球技术时。使用侧面双手垫球能够扩大防守区域的范围，但是由于球位于身体侧面，因此垫球的难度较大，控制球的方向也更为困难。一般情况下，如果可以采用正面垫球技术，就不应该或者尽量少用侧面垫球技术。

在无法采用正面垫球的情况下选择使用侧面垫球时，如果球的飞行轨迹在身体的右侧，球员应该采取以下动作：用左脚的前脚掌内侧蹬地，右脚向右跨出一步，右膝盖屈起，将身体重心放在右脚上；夹紧双臂，伸向身体的右侧，稍微将左侧肩膀下倾，腰部向右转，提起右臂，使得两臂形成的平面处于球的飞行轨迹上，从而阻挡球在前进方向上的飞行；当球接近时，对着球的后下部进行垫击。

在侧面双手垫球时，手臂应该跟随球一同伸展。这一动作很可能导致球接触到手臂后无法准确反弹出去，而是飞向身体的侧面。为了避免这种情况发生，正确的做法是：手臂应该提前向身体一侧伸出，以截击的方式进行垫球。在进行侧面双手垫球时，手臂不应该屈起，而应该保持伸直，使用手臂进行垫球，以确保不会因为屈臂的动作而影响到垫球的效果。

（三）单手垫球

单手垫球指使用单只手进行垫球的动作。通常情况下，这项技术被用于无法使用双手进行垫球、球速快、球低且球距离远的情况。单手垫球的特点是动作迅速，能够充分利用单手臂的长度，将球垫击出去，扩大了防守范围。然而，由于单手动作相较于双手动作较为不稳定，且接触球的面积较小，因此不是很好控制垫球的力量和方向。

当球位于身体右侧且距离身体较远时，需要向右大步迈出，上半身也需向右倾斜，以将身体重心置于右腿上。同时，伸直右手臂并将其从身体右后方摆向球的后下部，使用前臂内侧或掌根进行垫球。在必要时，也可以使用虎口进行垫球。

（四）背垫球

背垫球是指运动员站在球的后方，将球垫向身体前方的一种技术。背垫球的使用场景包括：当球已经越过球员身体正面的位置，失去了正面垫球的机会，或者在第二次被动击球过网的情况下。

在背垫球时，球员需要准确判断球的飞行方向和轨迹，以最快的速度赶到球的落点，即快速追球。运动员的身体与球的出球方向相反。然后，球员应夹紧双臂伸向球的下方，脚蹬地，挺胸抬头，身体后仰、展腹，双臂伸直，向球的后上方抬臂垫球。

当球较低时，球员可以采用屈肘翘腕的动作，利用虎口将球垫起。

（五）跨步垫球

跨步垫球是一项在接发球时常用到的技术，指队员向前方或向侧面跨出一步后再垫球。根据跨步的方向，该技术分为前跨垫球和侧跨垫球两类。

前跨垫球要求队员首先准确判断球的落点，然后向前跨出一步，膝盖弯曲并大幅度下蹲，将身体重心放在向前跨出的腿上，上半身向前倾，臀部向下压，双臂伸向球的下方,用前臂对着球的后下部垫球。

侧跨垫球则要求队员判断球的落点后向右侧跨出右脚,保持身体稳固,将重心放在跨出的右腿上,上半身向前倾,臀部向下压,双臂伸向球的下方,用前臂对着球的后下部垫球。

这两种垫球技术在接发球时非常实用,能够帮助队员更好地控制球的方向和力量,提高球的稳定性和准确性。

(六) 挡球

挡球是一种用阻挡来应对球的方式,这一技术可适用于应对高球、强力球以及难以传递的球。挡球技术根据手的形状和姿势分为两种类型:抱拳式和并掌式。

抱拳式:手臂弯曲,两只手相扣,内侧手呈半握拳状,另一只手抱在内侧手的外侧,拳头外侧对着前方。

并掌式:手臂弯曲,两只手的虎口相扣,手掌合在一起形成勺状,掌心外侧对着前方。

在挡球时,应确保前臂不要过于紧绷,尽量放松,肘部对着前方,腕部在身体后方,面向球的下部。使用手掌或拳头的外侧以及掌根来挡击球。在击球时,手腕的力量要适度,最佳的击球点是在额头前方,或者稍微朝上的一侧肩膀位置。

二、垫球技术动作的运用

(一) 接发球

接发球在比赛中是很重要的,垫球技术则是其中的核心。接发球垫球作为一种主要方式,实质上是组织进攻的基石。在接发球过程中,运用正面双手垫球技术居多,由于对方发球的多样性,运动员需要灵活地运用不同的垫球技术。

大力发球具有强大的力量、快速的球速和强劲的旋转。然而,大力发球的方向相对固定,因此比较容易判断。针对这种发球,接球者需要准确找准球的落点,调整身体重心并快速下移,双臂伸向球的下方。在垫球时要保持稳定,不主动施加外力，让球自然反弹。只有当球飞行轨道较低时，才需要使用翘腕的方式来击球。

（二）接飘球

飘球的特点是球速快，球体不自转，在空中会变向，难以准确判断球的落点。因此，接飘球时，判断落点成为关键，然后迅速移动到准确位置。在准备击球时，需要将手臂伸向球的下方，并确保全身动作的协调，将蹬地、抬肩和伸臂的动作连贯起来。

（三）接扣球

高水平的接扣球能够有效地发起防守反击，甚至直接得分。在比赛中，扣球是一种常见的技术，而不同的发球需要使用不同的扣球方式来应对。

接重扣球：采取半蹲或低蹲姿势，收腹含胸，双臂置于腹前，屈肘缓冲球的冲击力，利用手臂和手腕的动作来控制球的方向。当击球点较高且距离身体较近时，应使用前臂垫球；当击球点较低且距离身体较远时，应弯曲手肘、翘起腕部，利用虎口和手腕之间的区域来垫球。

接轻扣球：轻扣球通常突然发起，速度较快，因此当对手突然发出轻扣球时，很难及时移动到球的落点。这时，可以采用地前扑或鱼跃扑的方式来应对。

（四）接快球

快球的特点是球速快、球来得突然、飞行轨迹短、落点靠前。对于这种快球，运动员应该站在靠前的位置，身体重心下移，手臂可以稍微举高一些，准备好挡高球和垫低球。

（五）接侧旋球

侧旋球的特点是沿着弧线飞行，其落点与旋转方向同侧。接侧旋球时，身体必须迅速移动到落点位置对准来球，身体重心调整到靠近球的一侧，利用前臂进行击球，并控制球的反弹方向。

（六）接高吊球

高吊球的球速快，飞行轨迹呈高弧线，球升至最高点后直线下落。接高吊球时，需迅速准确判断球的落点，双臂向前平伸，最佳击球时机是球落至胸部和腹部之间，不要等到球继续下落后再击球。击球时摆臂动作幅度不宜过大，成功接球依赖于球的反弹力。

（七）接拦网触手的球

球经过拦网触手后，其球路会发生变化，难以准确判断落点。因此，在接触这类球时，应调整身体以便向任意方向移动，并根据球的高低采用适当的击球方式。

（八）接拦回球

拦回球的特点是其落点通常靠近扣球队员。接触这类球时，应移动至场区中靠前的位置，做好深蹲准备，手臂伸向球的下方，手臂动作幅度应适度，肘部稍微屈曲并抬起手臂，以腕部力量将球垫起。

三、垫球的训练方式

（一）初级训练

第一，模仿练习：不使用球进行垫球技术动作。

第二，垫固定球练习：在一名同伴的配合下进行练习，同伴双手拿着球置于腹前，采用标准的垫球动作击球，反复进行练习，体会动作要领。

第三，垫抛球练习：在一名同伴的配合下进行练习，垫同伴抛出的球。

第四，移动垫球练习：在一名同伴的配合下进行练习，向各个方向移动，接同伴从不同方向抛出的球。

第五，独自进行垫球练习，体会垫球时抬臂的动作要领。

第六，独自对着墙进行连续抛球和垫球练习。

第七，两个人进行相互抛垫球练习。

第八，三人进行连续垫球练习。

第九，站在距离同伴7～8米远的位置，进行接同伴发出球的垫球练习。

第十，站在距离同伴5～6米远的位置，进行接同伴扣球的垫球练习。

（二）巩固训练

第一，在一名同伴的配合下，通过快速移位进行垫球练习，是一种有效的训练方式，可以提高球员的反应速度和移动能力。

第二，跑动连续垫球的练习有助于培养运动员的持久力和协调能力，对于比赛中需要频繁移动的场景特别有帮助。

第三，四人进行三角跑动垫球的练习，可以训练运动员在不同位置之间的配合和交流，提高团队协作能力。

第四，多名同伴配合下进行单独防守多方连续发球的练习，有助于培养运动员的个人防守能力和应对多方进攻的能力。

第五，后排连续防守多球的垫球练习，能够提高运动员的接发球能力和反应速度，增强整体防守效果。

第六，反复进行垫击抛球的练习，可以帮助运动员掌握正确的垫球技术，并提高垫球的准确性和稳定性。

第七，垫击发球的练习是培养运动员发球技术的重要环节，通过反复练习可以提高运动员的发球准确度和力量。

第八，垫扣球的练习有助于提高球员的扣球技术水平和抢分能力，是攻防转换中重要的技术环节。

第九，移动垫扣球的练习可以培养运动员在移动状态下的扣球能力和灵活性，适应比赛中快节奏的变化。

第十，在高处来球的练习可以帮助运动员适应高空球的垫击技术，增强对不同高度球的应对能力，提高比赛中的全方位表现水平。

（三）提高训练

第一，三人一组进行接发球练习。这一步是培养团队配合和基本技术的关键阶段，通过反复练习接发球，提高运动员接球的准确度和反应速度。

第二，三人一组进行接发球和调整传球的练习。在这个环节中，不仅要求运动员进行接发球的训练，还需要他们学会在接球后迅速调整姿势，准确传球，为后续进攻做好准备。

第三，进行“中一二”的接发球与进攻练习。通过这项练习，运动员将学会如何在接发球后进行中间位置的进攻，包括发球后的快速移动、调整姿势，并准确地将球传递给队友进行进攻。

第四，进行“边一二”的接发球与进攻练习。这个环节旨在培养运动员在边线位置接发球后的进攻能力，他们需要快速反应，准确传球，并与队友配合完成有效的进攻。

第五，将接球和插上进攻结合到一起练习。这一步是综合前面练习内容的重要环节，运动员需要在接球后迅速插上进攻，与队友配合完成进攻，提高整体进攻效率。

第六，三人一组将垫球、调整传球、扣球结合到一起练习。这个环节是在前期基础上的进一步练习，通过将垫球、传球和扣球结合起来，培养球员的技术综合能力和团队配合能力。

第七，先进行接扣球练习，然后再做接吊球的练习。这一步是针对不同类型的进攻球进行针对性训练，运动员需要分别练习接扣球和接吊球的技术，以适应不同场景下的进攻需要。

第八，三人在后排进行专位防守的练习，由教练在网前发球和吊球，三人进行防守，并将防守、调整传球和扣球结合起来。

第九，三人一组进行全场防守练习，由教练在对面场地的各个不同位置抛球、扣球、吊球，三人快速组织防守或反攻。这个环节是对运动员全面能力的综合考验，他们需要根据场上情况迅速作出反应，有效地组织防守或反攻。

第十，两队进行扣球防守练习，对方在场地各个不同区域扣球发起进攻，己方的三人在后排进行防守练习。这是一项实战化的练习，旨在让运动员在对抗中提高扣球的防守能力，培养团队协作和应变能力。

四、垫球技术的纠正练习

垫球最常见的错误是手臂和腿部动作不协调，导致垫球的力量和方向控制出现偏差。针对这种情况，可以通过一些针对性强的练习来纠正这些错误。具体的练习方法包括：

第一，在距离墙4～5米的地方，面向墙站立，并将球抛向墙壁，利用球的反弹力进行垫击反弹球的练习。

第二，进行垫击固定球的练习。可以用布带将双手绑在一起，将球夹在手臂和胸部之间，利用身体的力量进行垫球练习，这样可以确保手臂不会抬起。然后再进行垫抛球或垫扣球的练习。

第三，独自进行向上自垫球的练习，反复进行以提高技巧。

第四，结合垫扣球和接吊球的练习。完成垫扣球后，要及时调整身体位置，准备接吊球。

第五节 扣球技术训练

扣球，作为排球运动中最具爆发力与攻击性的进攻手段，是选手常用的得分技法，在比赛中占有极其重要的地位。扣球是整体进攻作战中的最后环节，也是十分关键的得分阶段。它需要进攻手与二传手之间形成默契连贯的配合，并根据赛场上的实际情况制定灵活合理的作战计划，通过观察对手的整体站位寻找最佳的扣球得分点，争取一击得分。一个排球队能熟练掌握并灵活运用威力十足的扣球技术，是取得比赛最终胜利的关键性保障。

随着排球运动的不断发展，扣球技术也在不断发展。自20世纪70年代以来，扣球技术更加系统化、科学化。许多国家的排球队都根据比赛中的实际情况培养实用性较强、得分概率较大的扣球技术。中国作为一个排球实力较强的国家，在排球技术上也为世界贡献了许多创新性扣球技术，如快抹技术和单脚起跳扣快球技术等。现如今，在世界排球运动中，不论是女子排球运动还是男子排球运动，整体的扣球技术发展方向大体相同，主要追求扣球技术的高度、速度、力度、角度与灵活度。

一、扣球技术的动作类型

扣球技术是由很多动作连贯到一起完成的，这些动作包括准备姿势、助跑起跳、空中击球、落地等。扣球技术的种类很多，主要有三种扣球技术：快球、吊球、正面扣球。

（一）快球

快球的特点是速度快、动作短促。这种扣球技术可以独立运用，也可以与正面扣球配合，用以限制对方的进攻。

二传手传球时，运动员的助跑和起跳时间应稍稍提前。快攻的助跑距离较短，通常采用两步助跑方式。上半身和引臂动作幅度不大，击球时采用加速甩动的方式，击球力量主要依靠前臂和手腕的力量。当球传出时，运动员的挥臂动作应及时跟上。传球时，队员应考虑扣球队员的身高，以便让其发挥出最佳水平。

我国排球队应用较广的快攻有三种，分别是近体快攻、背快攻和我国女排队发明的背飞。近体快攻指的是距离二传手较近时传出的球；背快攻是指绕到二传手的后侧传球；背飞是指在二传手背后利用单脚起跳传出的快攻。

快攻主要包括近体快攻、半快攻、短平快攻、平拉开扣球和调整快攻等技术。只有在排球比赛中熟练掌握并灵活运用这几种快攻技术，不断变换，使对手无法摸清作战套路，在看似无规律的技术动作变换中扰乱对手的作战计划，才能让己方一直掌握比赛的主导权，并最终取得比赛的胜利。

1.近体快球

近体快球需要与二传手进行默契配合，从而实现快速而连贯的攻击。其特点包括队友之间的强掩护、速度快、威力大等。这一技术的成功运用可以显著提高球队的得分率。

在进行近体快球时，扣球手需要在距离二传手约半米的地方迅速扣球。在扣球之前，扣球手需要通过助跑积攒速度和力量，并调整好助跑路线和球网的角度。扣球手与一传手需要默契配合，找准传球时机。一传手将球传到二传手位置时，扣球手迅速助跑，并在距离二传手一臂远的位置起跳。起跳后，扣球手利用腰腹力量挥臂，改变球的轨迹，从而出其不意地攻击对手，使其难以防守。成功运用近体快球技术需要副攻手的良好掩护配合，因此，在训练中应重视掩护技巧的练习，以确保球队能够在比赛中有效地执行近体快球战术，从而得分。

2.短平快球

在排球比赛中，扣球手通过一系列的动作技巧来扣击二传手传过来的平快球就被称为“短平快球”。要想在比赛中成功运用这项扣球技术并取得有效得分，需要运动员熟练掌握每个环节的技术动作要领，并与队友形成一定默契的配合。在运用短平快球技术动作时，扣球运动员也要先通过助跑运动来进行速度与力量的初始积累。值得注意的是，助跑路线与球网的夹角同其他扣球方式有所不同，角度小于45°为最佳。扣球手要找准二传手将排球传出手的时机，在排球出手的同时迅速完成起跳，使身体处于腾空状态。在腾空时，扣球手要将平飞过来的排球用力挥臂截击，借助腰腹力量带动手臂和手腕快速挥动。

在运用短平快球技术时，排球的上方是最佳的击球点，扣球手要将全身力量集中到击球的整个手掌并大力扣出。不过该技术在比赛中是十分灵活的，运动员可以根据对手的拦网站位和拦网手臂的位置来寻找最佳的击球点与落球点，增大得分的概率。从短平快球详细的动作要领中可以看出，该项技术在实际比赛中较为实用。它组织进攻的速度节奏快，使对手猝不及防。有足够的时间进行场上运动员站位的分析与判断，增加了进攻点的选择，使对手摸不清己方的作战计划。要想更高质量地运用这一技术，二传手要加强掩护技巧的训练，通过技术动作的熟练逼真，达到牵制、迷惑竞争对手的效果，给扣球手提供充足的力量积累和调整动作的时间，争取一击得分。

3.半快球

半快球是一种相对特殊的扣球方式。它要求扣球速度介于一般扣球和快球之间。运动员在接近二传手位置时起跳，等待排球达到高于网两个半球高度时，迅速完成扣球动作。为了成功使用半快球技术得分，扣球手需要充分利用自身弹跳能力，使自己在空中获得足够的高度，以便观察对手的拦网动作，并及时调整扣球的路线、力度和技巧。与其他扣球方式类似，半快球也需要一段助跑来积累速度和能量，助跑路线通常与球网形成45°左右的夹角。在助跑过程中，需要对场上的运动员位置和移动进行分析和判断，特别是要准确把握起跳时机。扣球手与二传手之间需要建立默契，这基于双方了解对方的动作习惯和节奏。因此，扣球手应该在二传手出手后立即起跳，以确保最佳击球距离和角度，并便于在空中调整扣球的力量。在半快球中，扣球手的动作基本与近体快球相似，通过手腕和手臂的摆动将排球扣向对手场地。

4.平拉开扣球

平拉开扣球作为排球扣球的一种方式，在比赛中被运动员频繁使用并取得了良好的效果。要在比赛中充分发挥该扣球方式的作用，运动员需要在训练中熟练掌握每个动作环节的技术要领，以确保动作流畅自然。在平拉开扣球的技术中，扣球手与二传手的默契配合至关重要。扣球手需要站在己方场地的四号位标志杆附近，以便接到二传手传来的超长距离平快球。在进行扣球之前，扣球手需要进行助跑。在平拉开扣球技术中，助跑方式是独特的，要求扣球手采用外绕方式助跑。当二传手传球后，扣球手需要迅速起跳，并采取和短平快扣球基本相同的扣击方式。根据击球点位置和力度的不同，扣球手能够使出复杂多样的方式，从而给对手的拦网截球制造了一定难度。例如，通过平拉开扣球制造出的直线球和小斜线球经常成为比赛中难以防守、令对手头疼的攻击线路。

5.远网快球

在比赛中,运动员经常利用远网快球的战术来增强进攻的突然性,从而在对手猝不及防时取得有效进攻。这种战术需要二传手在距离扣球手约80厘米的地方传出排球,而扣球手则将空中迅速运动的低弧度排球大力击出,这一过程被称为“远网快球”。要成功执行远网快球,运动员需要具备爆发力的助跑,并在助跑的最后一步缩小步幅,为扣球手提供向前腾空的过程。同时,扣球手需要控制好起跳位置,通常离球网两米之外为最佳距离。在腾空扣球时,扣球手通过收腰收腹的动作带动扣球的手臂和手腕向前甩动,将排球的后上方作为击球的中心点,并将全身力量集中到用于扣球的手掌上,迅速大力扣球,使排球向上方旋转运动直至过网。总的来说,远网快球是一种攻击范围广泛、进攻节奏多变的技术,在实际比赛中能够取得良好的效果。

6.调整快球

调整快球常用于应对传接过程中的失误情况。在实际比赛中,当一传质量不佳且球距离球网较远时,二传需要快速作出反应,调整排球的角度和位置,以便形成突发性的进攻,这就是调整快球的应用场景。调整快球的质量取决于二传手的站位、传球方向、最适宜扣球手的助跑角度和路线,以及起跳时机等因素。扣球手需要培养对排球运动的观察意识,确保助跑线路与球网夹角较小,并通过观察排球的飞行轨迹和准确判断落脚点来调整。同时,扣球手的起跳位置需要与二传传球路线形成交叉点。在起跳时,扣球手的左侧肩膀应朝向球网,右臂要放松并顺着排球的运动方向用力扣击。此时,扣球手需利用腰腹力量带动手臂和手腕向上挥动,以排球的后上方作为发力点,将全身力量集中于扣球的手掌。当手掌接触到排球时,扣球手的手腕应向前推压,使其形成上旋运动。

7.后排快球

后排快球通常由后排运动员在场地内的进攻线后方完成扣杀。它常被视为得分的主要方式,需要运用合理的战术安排和队员的配合。扣球手在进行后排快球时，应该在进攻线后方开始前冲起跳，距离球网约两米处进行扣杀，以形成低快球。在扣球过程中，要以排球的后中部为击球中心，通过推压动作向前甩出手臂和手腕，使排球形成向上旋转的状态直至过网。

8.单脚快球

单脚快球是一种助跑速度较快、动作幅度较大的扣球动作。扣球手需要注意避免提前起跳，确保节奏和速度的匹配，避免因失误导致战术失败。同时，在起跳时要注意与二传手的距离，最好稍微远离，助跑线路与球网的夹角度数不宜过大。此外，扣球手尤其需要调整好腾空落地的动作，以避免与二传手发生肢体碰撞或触碰中线而造成犯规。

（二）吊球

吊球技术在排球比赛中被广泛应用，并被证明是一种实用的技术手段。它以手指拨球的方式进行击球，使得接触时间短促、力量较小。这种特点使得吊球技术在突然进攻时表现出色，能够让对手无暇反应、措手不及。在运用吊球技术进行扣球时，队员需要巧妙地找到对手防守空隙，然后利用吊球发起突然进攻，使得对手无法有效防守。如果技术运用得当，球可以直接吊入对方防守空虚的区域，从而直接得分。吊球的两种主要方式包括直线吊和斜线吊。

在排球比赛中，扣球的变化多种多样，而吊球作为一种扣击技术，在近网进攻中尤为常见。吊球的本质是利用对手站位防守的漏洞来得分的一种技巧型方式。运动员需要具备对场上局势的敏锐洞察力，才能成功运用吊球技术。在采取吊球动作时，运动员应当掩盖自己的意图，避免过早暴露意图导致己方陷入被动局面，给对手可乘之机。运动员可以模仿正规扣球的助跑和起跳流程，以此来误导对手。当手掌接触到飞行中的排球时，运动员需要迅速调整动作姿势，快速完成吊球的动作，利用手指轻触排球，控制好球的方向和角度，使其成功越过球网，落入对手场地的无人防守区，令对手措手不及。随着现代排球运动的发展，吊球技术也不断创新变革，出现了快抹吊球、高压吊球等新型技术。在实际比赛中，吊球通过与其他排球技术的综合运用，取得了显著的效果。

1.并吊球

并吊球是排球比赛中一项关键的战术技术,旨在减少主动进攻导致失分的风险,并在对手毫无准备的情况下取得得分。在正式比赛中,运动员在面对对方防守时常常会选择采用并吊球这一技术动作。其核心思想是通过迅速用力将排球向网前推压,以单手吊球的方式将球放在网前拦网队员手上,制造出球在网上方“争执”的局面,从而给对手制造出挑战。接着,运动员会继续用力将球前推,迫使球在敌方拦网队员和球网之间下落,或者挤出界外,从而让对手失分。

要想成功执行并吊球,运动员需要善于抓住对手的无准备状态。在对手毫无防守准备的情况下,执行这一战术尤为关键。因为若对手未作出防守动作,而排球又未过网前就被击出,将被判犯规,从而错失得分的机会;而如果不主动进攻,则可能让对手占据主动,错失扭转局面的机会。因此,在适当的时机,善于利用对手的无准备状态,迅速执行并吊球战术,将对手的逆境转化为己方的顺境,成为取得比赛胜利的关键之一。

并吊球不仅要求运动员技术娴熟,更需要运动员对比赛的节奏和对手的状态有敏锐的洞察力。只有在恰当的时机,才能实现这一技术的最大效果。训练中除了技术的反复训练外,对比赛的分析和战术的磨合也是至关重要的。只有通过不断的实战经验积累和战术磨合,才能在关键时刻准确地把握机会,实现并吊球战术的最佳效果,从而为球队赢得胜利。

2.高压吊球

高压吊球作为吊球技术的一种变化技法,在实际比赛中展现出强大的攻击力,成为排球比赛中的主要进攻手段。运用运动员身高优势和强大的手臂爆发力,高压吊球迅速将排球猛击向对方场地。由于其巨大的冲击力,即使对手能够准确判断排球的落点,也难以通过技术将球成功挽救,常常因救球无力而导致失分。高压吊球需要击球手提高弹跳高度,以俯视敌方运动员的站位。一旦找准球的落点,击球手需迅速挥动手臂,使排球高速、小弧度地越过网,增强排球在对手场地的冲击力，提高对手的救球难度。

3.反吊球

反吊球在实际比赛中是将被动局面化险为夷的重要技术。这种技术在排球比赛中十分常见。在排球运动对抗中，当主动攻击方的扣球手突然将进攻动作改为吊球时，防守方的拦网队员也会改变防守方式，采用吊球方式进行主动还击，将排球从自己的场地反吊回对手的场地。进行反吊球技术动作时，运动员在起跳后的腾空阶段要迅速伸屈手臂。一旦发现对手采取吊球技术动作，运动员要迅速弯曲肘部关节，同时手腕向后方翻转，然后再伸直手臂将腕关节弯曲，利用手指改变排球的运行方向，使排球反向落入对手的场地。在进行反吊球技术动作时，拦网的防守队员要正确选择起跳时机，并做好拦网或反吊球的准备，根据赛场实际情况灵活运用技术，在避免本方失分的同时，寻找有利的得分时机。值得注意的是，只有当对手吊球高度不高时，防守运动员才能运用反吊球技术进行防守反击。

（三）正面扣球

正面扣球在排球技术中确实是一项基础技术，初学者通常首先接触到这种技术。它要求运动员正面面对球网，这有助于运动员全面观察对方场地和运动员位置，从而作出更准确的判断和反应。正面扣球的灵活性也得益于可以根据对手的网前情况进行适当调整，这增加了进攻的多样性和效果。

在排球比赛中，正面扣球因其操作简便且能提高得分概率而被广泛采用。这与排球比赛的复杂性有关，运动员需要根据场上情况灵活应对。由于正面扣球易于掌握，运动员可以更灵活地应对变化多端的比赛局面，增加进攻的威力。

扣球技术的执行包括姿势准备、助跑起跳、腾空击球和落地结束等环节。这些环节的正确执行至关重要，可以确保扣球的效果和准确性。

第一，准备姿势。使用该技术扣球的最佳位置是距离球网约3米处。运动员应该自然站立，膝盖微屈，保持双腿的灵活性，双臂自然垂下，目光跟随着球，做好起跳助跑的准备。

第二，助跑起跳。在进行扣球的助跑之前，扣球手应与一传手和二传手建立良好的默契。一传手是进攻得分的关键因素，对于进攻战术的成功至关重要。如果一传环节出现技术性失误，将直接导致进攻失败，甚至会导致团队失分。扣球手除了需要判断一传手传球的方向和高度外，还需要与二传手配合流畅。这要求扣球手在助跑时判断二传手传球的速度、弧度、方向和落点，并一直保持判断直到起跳、击球和落地完成。

助跑是扣球手积攒动能的过程，通过瞬间爆发式的助跑达到一定水平速度，并利用这种速度增加起跳的高度，将水平速度转化为垂直力量。要实现这样的进攻效果，扣球手需要在助跑时判断好与排球的距离，选择合适的起跳点，并控制好起跳时间。

助跑开始于球被传出后，当身体接近球并到达扣球位置时开始起跳。起跳方式主要有两种：并步法和跳步法。在起跳之前，有一个凝聚起跳力量的过程，手臂由后向前摆动给予身体助力，膝盖弯曲。当身体下蹲到最低点，手臂摆至身侧时，双腿快速蹬直，两臂向上摆动，脚掌用力扒地，身体向上跃起，双脚离地起跳。

在进行正面扣球的助跑环节中，扣球手需要控制助跑速度，掌握合理的助跑节奏。在短距离助跑中，运动员需要逐渐加长步长，完成从慢到快的转变，有规律地积攒动能。

在助跑时，扣球手需要保持身体肌肉放松，避免过度紧张。要注意避免在动作期间停顿或脱节，需要身体各部分在整个助跑过程中相互协调配合，保持整体流畅。根据二传手传球的质量灵活选择上步时机，如果二传手传球高度过高，则上步时间相对较晚；如果传球高度较低，则扣球手的助跑上步时间稍微提前。

第三，起跳腾空。在结束助跑阶段后，扣球手需要迅速进行起跳上步动作。此时，保持膝盖弯曲并向内侧紧扣，身体稍微向前倾斜，同时注重四肢的协调配合是至关重要的。当扣球手的双脚迅速并用力蹬向地面时，双臂应向身体后侧方向伸直，然后迅速向身体前方摆动。借助腰腹力量的伸展，使身体腾空，在空中呈现出标准的身体垂直状态。

达到较高的起跳高度并非扣球手进行起跳动作的唯一目标。起跳在扣球技术中只是一个过渡性环节，更加重要的是实现身体从水平方向到垂直方向的转换。这为扣球手选择最佳的起跳点和适宜的击球位置提供了时间和空间，以进行分析判断和状态调整。

在起跳腾空阶段，运动员需要努力追求更高的弹跳高度。在进行蹬地动作时，双腿必须保持充足的爆发力，通过与地面形成的反作用力将身体大力推向上方。此时，排球运动员需充分发挥身体各部分的协调性与柔韧性，并根据助跑上步的质量进行及时且灵活的调整。若助跑上步时间过晚，则需加快起跳动作的速度；反之，若助跑上步时间过早，则应稍微放慢起跳的动作。

第四，空中扣球。在空中起跳后，保持身体挺直，收腹，上半身转向击球方向，同时向上抬起击球手的手臂，形成弓形姿势。将转体和收腹的力量聚集到手臂，然后通过肩部、肘部和腕部的协调运动，采用鞭击动作挥动手臂，使手臂呈向上的弧形挥动轨迹，直至手臂达到最高点时果断扣球。

在进行扣球动作时，扣球手应集中注意力，保持手部微微张开，使整个手臂呈现勺子形状。当手部与排球接触时，扣球手将力量集中于手掌中心，以手掌为发力中心。确保手臂直伸，最佳击球点位于排球的后中部或后中上部，扣球手应借助手臂向下甩的力量，使排球向前推压，形成向上旋转的加速运动。

进行正面扣球时，扣球手需准确掌握击球点，通过手掌和手腕的灵活运动来控制排球的角度、轨迹和落点。除了保持手臂直伸外，肩部也应上提，确保击球时保持高姿态。挥动手臂时，加速挥动速度，并加大对排球的作用力。

第五，着地。完成扣球后，身体应自然下落。首先着地的是前脚掌，然后膝盖弯曲，起到减缓冲击力的作用。

二、扣球技术的训练方式

（一）助跑起跳

第一，进行向后跨跳练习。这个动作可以帮助运动员掌握向后跨出的技巧和节奏。

第二，进行向前跨跳的最后一步练习。这个练习有助于运动员在最后一步时保持动作的稳定和流畅。

第三，进行向左或向右跨跳的最后一步练习。这样的训练有助于运动员在不同方向上都能灵活应对。

第四，从进攻线附近开始进行两步助跑起跳的训练。这种训练有助于提高起跳时的速度和力量。

第五，进行一步助跑起跳的练习。在这一练习中，需要右脚迈出一大步，然后左脚迅速跟上并跳起。这个动作有助于训练运动员的爆发力和协调性。

（二）完整扣球

第一，在网前自抛自扣过网。

第二，结合二传扣一般高球。

第三，助跑起跳扣网前固定吊球。

第四，扣抛球，扣斜线与转体线球。

第五，扣斜线与直线球。

第六，教练站在网前高台上，用一只手托球，运动员结合助跑起跳完成扣球动作。在运动员将要打击到球的瞬间，教练及时放手。

（三）挥臂击球

第一，快速挥臂打一定高度的物体。

第二，选一面墙壁，对着墙连续进行扣球练习。

第三，徒手做扣球挥臂的模拟击球动作练习。

第四，手握一小皮球原地做挥臂甩腕掷球。

第五，手持1千克～2千克的哑铃练习挥臂动作。

第六，原地对墙自抛自扣或自抛后原地起跳扣球。

第七，扣固定球、扣吊球或者两人一组，其中一人双手持球于头上，另外一人扣固定球。

第八，降低球网或拉一根长绳做原地自抛自扣过网练习。

第六节 拦网技术训练

在排球比赛中，拦网技术是很重要的一项技术。运动员在网前起跳，高举双手去阻挡对方选手的扣球进攻，这不仅可以避免球队因失分而陷入被动局面，还能够通过成功的拦网形成有效的反击甚至进攻得分，从而掌握比赛的主导权。拦网运动员作为防守一方的重要防线，任务确实十分艰巨。成功的拦网不仅可以有效地保存后排防守运动员的体能，减轻防守压力，而且对于整个队伍的防守水平起到关键作用。因此，排球队伍的整体防守水平是决定比赛胜负的关键因素之一。特别是随着现代排球技术的不断发展，排球队伍的防守技术水平也在不断提升，使得排球比赛的竞争变得更加激烈，双方队员在攻防之间快速转换，从而大大提高了排球运动的竞技观赏性。

一、拦网技术的动作类型

（一）单人拦网

第一，准备姿势。运动员应该正面站在球网前，与中线保持20～30厘米的距离。在这个位置，观察对手的动向非常关键。站立时，两脚应该分开，与肩膀同宽，膝盖稍微弯曲。

第二，移动。在拦网过程中，常用的移动技巧包括并步移动、左右划步移动、交叉步移动、跑步移动、转身与网平行跨步等。移动到正确的位置后，应该根据对手起跳的时间作出反应，选择合适的时机侧身起跳，然后腾空转体，以面向球网。

第三，起跳。起跳分为两种：原地起跳和移动起跳。原地起跳需要利用双脚的蹬地力和手臂的摆动，形成向上的力量。摆动双臂应该与脚蹬地力协调，沿着弧线在身体的两侧向上摆动，以带动身体向上跃起。移动起跳则是利用移动带来的惯性，直接面向或背对球网起跳，然后在空中转身以面向球网。

第四，空中击球。在空中时，应该举起上臂至额前，肩膀上抬，双臂伸直，手指自然伸开形成勺状。抓住时机，用力击球，确保用力点位于球的前上方。

第五，落地。如果球被拦回，运动员可以面向球网方向落地。落地时应该屈膝以减缓地面冲击力。如果球没有被拦回，运动员落地后应立即向球的落点移动，面向球并为下一次拦球做好准备。

（二）集体拦网

集体拦网是指两到三名队员在网前进行拦网，这是为了扩大拦网范围。集体拦网时，协同拦网的人数大多为两人。排球运动的基本站位如图4-1所示：

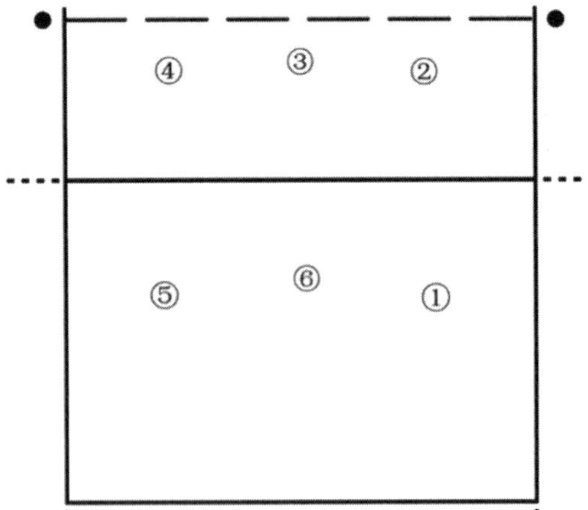

图4-1 排球运动的基本站位

针对4号位和2号位的扣球拦网，先取哪号位都可以，可以拦直线，也可以拦中斜线，也可以从3号位并过去拦中和小两个斜线。针对3号位的扣球拦网时，应先取3号位，还可以从2号或者4号位抽出一人并到3号位，一名运动员拦主线，另一名运动员则拦斜线。要注意控制拦网运动员间的距离，尤其两名运动员相邻的两手之间的距离不要出现空隙，使防守组成严密的屏障，不要让对手找到防守破绽。

拦网中最重要的是拦网判断，运动员需要判断扣球的位置和时间，以便移动到合适的位置，在适当的时间起跳并进行集体拦网配合。集体拦网技术是建立在单人拦网技术基础上的，只有掌控了单人拦网技术并可以灵活应用时，才能与队友一起打出较好的集体拦网配合。

二、拦网技术的训练方式

在排球比赛中，运动员通常选择助跑起跳和原地起跳两种方式进行空中拦网。防守运动员使用拦网技术会消耗大量的体能，并且对技术动作要领的掌握程度和身体力量素质的爆发都是影响拦网质量的重要因素。因此，防守运动员要想在比赛中用拦网技术出色地完成防守任务，就要在平时的训练中持之以恒、坚韧不拔、刻苦练习，同时还要配以科学、合理的训练方法，让运动员在短时间内快速提高拦网技术水平，使球队在比赛中不会因防守较弱而陷入被动局面。球队可以将无懈可击的防守作为专心进攻的保障，使进攻更具威力，战略战术更加果断，进而形成有效的得分，使球队成为比赛的主导者，取得比赛的最终胜利。

（一）初级训练

初级排球训练是每位排球运动员成长道路上的第一步，其重要性不言而喻。这一阶段的训练旨在帮助新手快速适应排球运动的特点，建立起对球的感觉，并掌握基本的拦网技术。在初级阶段，运动员会进行各种练习，以确保他们在技术和战术上都能具有扎实的基础。

最初的练习可能包括将球网高度降低，这有助于减轻运动员的压力，使他们更容易掌握拦网的技术动作要领。通过双臂向上伸举和徒手拦网技术动作的练习，他们可以逐渐培养出正确的手型和动作姿势。此外，运动员可能会被要求与另一名队友进行配对练习，这样可以加强他们的协作能力，并在实际场景中进行技术的应用和调整。

一旦运动员熟悉了球感并掌握了基本的拦网技术，他们就会进入拦网起跳的训练阶段。在这个阶段，他们将进行原地起跳的练习，这有助于提高他们的弹跳能力和肌肉爆发力，为实际比赛中的拦网动作做好准备。这个阶段的训练也着重于培养运动员对于起跳高度和力度的准确掌控，以确保他们能够在比赛中发挥最佳水平。

除了拦网起跳动作，步法的移动也是拦网技巧中不可或缺的一部分。在实际比赛中，运动员需要根据对手的攻击节奏和策略进行及时移动，以保护自己的防线并有效地阻止对手得分。因此，拦网技术的成功不仅依赖于技术动作的准确性，还取决于运动员在比赛中的灵活应对能力。初级排球训练是运动员排球生涯中至关重要的一部分。通过系统的训练和练习，运动员可以逐渐建立起对排球运动的认识和技能，为未来的发展打下坚实的基础。因此，在日常训练中应重视基础技术的培养。

在掌握了拦网技术的基础动作后，运动员可以进行相对简单的实战性拦网练习。教练可以将每两名运动员组成一组，其中一名运动员站在球网前，将排球向高空抛出，另一名运动员完成移步、腾空起跳等拦网动作。这种训练旨在培养运动员掌握最佳的起跳时间，进一步感受每个动作要领的内涵，特别是让运动员在拦网练习中自行体会压腕动作的力度、角度及动作细节，从而更好地掌握拦网技术。运动员在对各项动作环节有了更深刻的体会后，可以进行扣球拦网的训练。同样将两名运动员分为一组，一名运动员通过助跑、起跳、挥臂完成扣球动作，另一名运动员则需要进行完整的拦网技术动作并争取成功拦截对方扣发出的排球。

在初级拦网扣球训练的后期阶段，教练会根据运动员自身拦网技术的优缺点进行专项练习。教练站在视野较好的高台上，针对运动员的技术短板进行指定路线的排球扣发拦网训练。运动员需要根据教练发球的路线、速度、力度，精准地判断位置，及时做好起跳准备。当运动员克服了自身拦网技术的短板后，教练会开始训练运动员的综合拦网技术。在高台上，教练向运动员扣发不同飞行路线的球，运动员需要进行连续起跳拦网，这项训练着重培养运动员的反应速度、身体爆发力和维持体能的能力等。

初级阶段的最后一项训练内容是培养运动员的场上应变能力，以及灵活掌握拦网技术。教练将运动员以球网为界分成两部分：一部分运动员站在场地的4号位进行弧线集中式的扣球，另一部分的运动员要站在己方场地的2号位进行循环式轮流拦网训练。几个回合之后，运动员要进行换位，一部分站在2号位进行扣球，另一部分站在4号位进行拦网循环练习，直至熟练掌握。

（二）巩固训练

巩固训练是排球运动中至关重要的阶段。一旦运动员掌握了拦网技术的基本动作，他们需要经过一系列的针对性训练来巩固和提高技术水平。这个阶段的目标是确保每位运动员以稳固的拦网技术为基础，并通过科学合理的训练计划来强化他们在这方面的优点，帮助他们形成自己独特的风格。这样，球队的整体防守水平将更上一层楼。在巩固阶段，教练与运动员之间的紧密沟通和合作至关重要，只有这样，运动员的技术水平才能迅速得到提升。

巩固训练的初期主要以定位扣球拦网为主要训练内容。在这种训练模式中，两名运动员站在球网的两侧，一方在2号位、3号位、4号位进行扣球过网，而另一方在相应的位置进行单人拦网。这种训练不仅考验了运动员的场上判断能力和身体协调性，还锻炼了他们的综合防守水平。与初级阶段相比，这种训练的强度更大，使得运动员的水平又迈进了一大步。

在实际排球比赛中，鉴于比赛的攻势强度，通常采用双人或多人拦网的组合模式来提高防守效果。因此，在训练阶段，尤其是在巩固拦网技术阶段，教练应指导运动员进行双人或多人的拦网练习，以促进防守队员之间的战术配合和技术互补，从而在实战中展现高水平的防守技能。针对多人拦网技术的训练，教练应遵循渐进原则，避免急于求成，以免导致防守队员之间的技术配合不够熟练，从而影响实际比赛中的防守效果。

在日常训练中，教练可以安排一名运动员在场地的4号位进行扣球发球，另一名队员在球网另一侧的3号位迅速跑向2号位，形成双人拦网的防守模式。两人需要相互协调起跳、伸臂的时机和节奏，并准确评估对方扣球的力量、速度和角度。根据站位和发球方向的不同，定向双人拦网练习可以设置多种跑位情况，以加强运动员的反应能力和默契度。通过反复练习，可以增进运动员之间的默契，进一步提升防守水平。

当运动员熟练掌握了双人拦网技术后，教练可以引导他们进行三人拦网的训练，以进一步巩固和提高技术水平。例如，当进攻者在3号位扣球时，2号位和4号位的防守队员迅速与3号位的运动员汇合，形成三人拦网模式，力争有效地防守对方的进攻。通过三人拦网训练，可以培养运动员的团队协作意识，加强战术实践，有助于综合竞技素质的全面发展。

（三）提高训练

在提高训练方面，运动员每一次成功的拦网得分都是平时刻苦训练、坚持不懈的成果。为了确保运动员的水平在实际比赛中得以充分发挥，教练通常在后期的训练阶段会安排实战模拟训练。这种训练对于提高防守运动员的拦网技术水平和积累防守经验有着显著的积极影响。在模拟训练中，教练会针对常见的防守难题进行反复模拟实践，直至运动员能够克服这些困难。这样的训练使得运动员在比赛中能够冷静应对各种防守挑战，提高士气，增强团队凝聚力，以及确保取得胜利的信心。在日常训练中，针对各个位置的进攻进行防守分析与实际操作尤为重要。例如，针对拦截对方一攻手的模拟练习，前排防守运动员应该逐一实践各种拦网战术，并选择最有效的战术作为拦截一攻手扣球的首要方法。此外，为了避免被动防守，在模拟训练中也要进行防守反击的细致训练,使得每位运动员都能兼具防守与进攻的能力,从而提高团队的整体实力。

在这一阶段的训练中,教练会安排强度较大的项目,以帮助运动员适应正式比赛的竞技节奏与激烈程度。例如,在实战模拟训练中,让三名运动员在三个位置进行扣球进攻,同时让防守运动员在球网的另一侧进行集体拦网训练,以考验队员间的技术磨合程度和整体的防守实力。此外,教练还会安排一些攻防练习,例如四对四、六对六的排球比赛,以帮助运动员将训练所学运用到实际比赛中,增强他们的判断力与实践能力。

三、拦网技术的纠正练习

拦网是排球运动中针对扣球进攻衍生出的重要防守技术。由于扣球进攻动作的突发性和偶然性,使得拦网防守的难度相对较高。尤其对排球运动初学者而言,拦网技术显得相对复杂,需要较高的身体素质和思维能力。因此,初学者在拦网技术训练初期经常会遇到技术动作不到位或者技术概念理解错误等情况。

起跳过早是拦网动作中初学者经常出现的失误之一。当对手突然进行扣杀时,拦网运动员的防守神经会变得过于敏感,加之紧张的心态,往往会导致条件反射式的迅速起跳,进而使得拦网失败。要想有效避免这种情况的发生,运动员需要在日常训练中不断提升自身的技术水平和心理素质。通过反复进行拦网起跳的练习,总结经验,吸取教训,才能掌握准确的起跳时机。对于那些起跳时机把握感较差的运动员,教练可以通过信号辅助的方式来帮助他们提高起跳的判断力。除了技术性的纠正外,对运动员的心态进行辅导也至关重要。一名优秀的拦网运动员需要在比赛中集中精力,保持聚精会神,但同时也不能过度紧张或敏感武断。因此,在日常的训练过程中,加强对运动员心理素质的培养至关重要。运动员需要培养出沉着冷静的竞技素质,增强对自身技术能力的信心,这些都是保证运动员在实际比赛中能够充分发挥技术的重要保障。

拦网运动员为了有效阻拦对手的大力扣球，需要全力起跳、双手扑球。然而，经常出现用力过猛或者失去平衡等情况，容易触网犯规，影响运动员的竞技心态。双手触网的失误通常源自平日训练时对技术动作的疏忽。因此，在拦网训练中，运动员应细致拆解每个动作，确保动作完美。特别要重视微小动作，避免比赛时因紧张或疲劳导致动作失准。对于养成错误动作习惯的运动员，日常训练需增加强度，及时纠正。运动员应从基础动作开始，徒手练习拦网，控制动作幅度与角度。随后，进行拦固定球练习，强调规范手势与动作，及时反思与纠正缺陷。接着，进行提肩压腕的拦球动作，反复练习直至机械化，确保在比赛中不出错。最后，降低排球网高度，进行原地拦网练习，注意手臂动作、力度、速度与球网的距离。

在排球比赛中，进行拦网防守的运动员通常会将注意力高度集中到手腕及手臂部分，忽视了起跳后对身体其他部位的动作调整，因此很容易造成身体触网、脚过中线等犯规情况的发生。这种情况的发生与运动员拦网动作要领掌握不到位，基础动作训练强度较少有关，同时也与运动员在比赛场上过分紧张、压力过大导致动作的变形有关。为了有效避免运动员在比赛中出现这样的失误，教练要安排运动员进行纠正性训练，让运动员的拦网动作更加规范，提升运动员的比赛自信心，这样才能保证运动员在比赛中充分发挥拦网技术水平，尽量减少己方球队的无谓失分，避免将球队陷入比赛中的被动局面，为最终的胜利奠定坚实的基础。

在日常的纠正训练中，运动员要在教练的提示信号下完成整个起跳动作，这种训练方法是为了让运动员准确掌握完成动作的节奏。当拦网运动员熟练掌握运动节奏后，教练要对运动员的动作进行纠正性训练，培养运动员垂直起跳和腿部制动的能力，加强自身对身体各关节的控制力。该项训练最好在球网前进行，以便让拦网运动员能更好地掌握身体与球网的距离。通过反复练习，让运动员逐渐习惯拦网技术，以保证在比赛中的稳定发挥。除了注意腿部动作的纠正，运动员还要加强腰腹力量的训练，增强身体的柔韧程度。拦网起跳腾空后，含胸收腹是标准的腾空姿势，这样十分有利于运动员发挥手臂及腕部的作用力，高质量地完成拦网动作。

在激烈的排球比赛中，防守运动员所承受的压力是巨大的。一些拦网运动员害怕在比赛中出现失误，通常选择在拦网时让手部和球网保持较远的距离，但这种做法虽然能有效避免触网犯规的情况发生，却大大提高了排球在手与球网间漏下的失误率。因此，拦网运动员用这种方式避免犯规的做法是十分不可取的。加强基本技术动作的练习，熟练掌握动作技巧才是高质量完成拦网的根本。

在日常的拦网训练中，运动员要多与教练员进行动作技术上的探讨沟通，严格遵照教练指定的训练方案进行技术动作要领的练习。建议运动员先进行徒手起跳训练，站在与球网较近的距离，在起跳腾空阶段，运动员的双手要尽量向上伸直，在腰腹力量的作用下带动整个身体向上运动。这时，运动员要注意身体与球网间的距离，距离不要过远或过近，在保证不触及球网的前提下尽量控制身体逐渐缩短与球网的距离，锻炼身体的控制力。当拦网运动员掌握了起跳腾空后的动作后，就可以进行对抗性较强的扣球拦网训练。运动员要调整好身体与球网、双臂与排球的距离，保证技术水平得到完美发挥，避免发生无谓的失误。

对于排球拦网运动员而言，正确判断对手扣球进攻的线路具有很高的难度。特别是在激烈紧张的比赛氛围中，要想保持清醒的头脑，通过洞悉对方所有运动员的跑动与站位以及对扣球运动员动作技术的分析，进而准确判断扣球路线更是难上加难。因此，对扣球路线的不敏感是一些拦网运动员防守水平停滞不前、难有突破发展的主要原因。为了帮助防守运动员有效摆脱拦网技术上的瓶颈，教练要加强运动员对排球路线的判断，培养拦网运动员的场上敏锐直觉，与运动员一同观看经典的拦网案例，让运动员在不断积累中提高对排球路线的判断。在日常训练中，教练要增加拦网扣发球的训练量，让扣球运动员从各种角度进行扣球，使拦网运动员在实践中培养判断意识，总结扣球运动员在不同角度扣球时的动作与眼神，寻找判断路线的规律。此外，教练还要训练拦网运动员的活跃性思维，做到在比赛中随机应变。防守运动员要细致观察进攻手扣球的力度、方向，随时准备变换拦击的路线。

在排球运动中，进攻力与防守力的对等是出色排球队的共同特点。一支过于重视进攻而轻视防守的球队很难有长远发展。进攻力与防守力之间的关系十分微妙，在比赛中相互影响。强力迅猛的进攻依赖于稳固的防守，而完美的防守也受益于进攻得分所带来的信心和士气。防守是取得比赛胜利的基础，只有在自己的球队少失分的情况下，才能毫不顾忌地进行进攻，掌握比赛的主导权。

在排球比赛中，一个强大的球队并不仅仅依靠一两名进攻出色、防守优秀的球员来支撑，而是需要超强的集体竞技水平。每个运动员都在比赛中扮演重要的角色，他们的配合和团队意识是取得胜利的关键。因此，在日常训练中，防守运动员之间需要进行集体拦网训练，这不仅有助于提高个人技术水平，更重要的是加强团队之间的默契和协作能力。通过集体拦网训练，运动员学会了如何在紧张局势下相互支持，有效地堵住对手的进攻路线，从而让对手束手无策。这种团队配合的精神也会在实际比赛中得到体现，让球队在关键时刻能够更好地应对挑战。对排球运动员来说，训练的根本目的是提高技术水平。因此，日常训练中需要经常进行实战模拟训练。通过模拟比赛场景，让运动员适应比赛的紧张氛围和变化多端的情况，提高他们的应变能力和防守水平。在模拟训练中，教练可以创造各种各样的局面，让运动员在压力下保持冷静，灵活应对对手的进攻，并找到破解对方战术的方法。这种针对性的训练不仅有助于提高运动员的技术，更能够增强他们的比赛信心和心理素质，让他们在关键时刻能够发挥出最佳水平。

第三章 排球运动的战术训练

第一节 排球运动的战术基础

排球战术是运动员在比赛中根据比赛规律、双方具体情况和临场变化，有效运用技术所采取的有预见、有目的、有组织的行动。个人战术包括运动员根据临场情况有目的地运用技术，如扣球变线、轻扣、打手出界等。而集体战术则指两名或两名以上队员之间有组织、有目的地集体协调配合。这两者相辅相成、互相促进、互相补充。

在选择战术时，球队应首先从本队实际出发，考虑队员的技术水平、技术特点、身体条件和体能等情况，选择相应的战术。此外，在运用战术时，还需要根据对手的技术和战术特点以及临场情况的变化采取灵活的行动，打乱对方的战术，以便掌握比赛的主动权。

一、排球战术的相关概念

（一）战术与技术

技术与战术之间存在着互相联系、互相依存、互相促进、互相制约的辩证关系。技术作为战术的基础，缺乏全面、熟练的技术基础将使战术难以实施。而战术则是对技术的合理组织与有效运用。技术的发展决定了战术的演变，同时战术也能够促进技术的进步，提出新的技术要求，推动技术的发展与提高。

战术与技术是在实践中不断发展的。通常情况下，技术的进步会先于战术，改进现有技术或出现新技术可能会带来新的战术。但也存在先有战术设想，然后改进和训练技术的情况，这种方式同样能够推动新技术的发展与提高。

（二）战术数量及质量

战术的数量指的是其多样性，而战术的质量则关乎其实效性和熟练程度，两者是辩证统一的。只有掌握了多样性的战术，个人或团队才能够灵活地变换战术，使对手无法捉摸，防不胜防。

随着战术数量的增加，战术的质量必然成为矛盾的主要方面。战术由粗糙到精细、由简单到复杂、由低级到高级的发展规律是不可避免的。如果过分追求战术数量而忽视战术质量，导致战术形式化而失去多样性的实际意义和作用。

（三）个人战术与集体战术

个人战术与集体战术之间存在着密切的关系，彼此相辅相成。在比赛中，个人战术的执行应当符合集体战术的整体需求，并在此基础上与团队密切协作。队员应当以集体战术为指导，充分发挥自身的个人技术和战术特长，从而丰富团队的战术打法，弥补集体战术的不足。因此，个人战术与集体战术并非对立关系，而是相互促进、互相支持的关系。

（四）进攻与防守

在排球比赛中，一切旨在使球落在对方场区或导致对方失误的合法手段均属于进攻，而一切旨在防止球落在本方场区的合法手段则属于防守。

进攻是获取得分的主要手段，通过加强进攻可以瓦解对手的进攻能力，减轻本方防守压力，争取比赛的主动权。同时，防守不仅仅是减少失分的手段，也是得分的基础。除了发球之外，每次进攻都是建立在防守基础之上的。因此可以说，防守和进攻是相辅相成的，缺一不可。

防守应该是积极的、具有进攻意识的。对进攻与防守的理解不断深化，体现在攻防之间的变化和发展上。进攻与防守密切相连、相互依存，单方面强调其中之一都无法适应排球运动的发展趋势。

二、排球战术的类型划分

排球战术的分类方法多样,其中按参与战术的人数划分为个人战术和集体战术。而进攻与防守是排球比赛中贯穿始终的矛盾。

在个人战术方面,鉴于某些排球技术具备攻防双重性,因此不再将其细分为个人进攻战术与个人防守战术,而是直接划分为发球、一传、二传、扣球、拦网和防守等。

集体战术则首先分为集体进攻战术和集体防守战术两大类。集体进攻战术中涵盖多种进攻阵型,如“中一二”“边一二”“插上”等,而各种阵型中又有多种进攻打法的组合。当前,进攻打法已从简单的点面结合发展为立体进攻。集体防守战术同样包括多种防守阵型,例如接发球、接扣球、接拦回球和接传垫球等,而这些防守阵型也有多种变化。

在排球比赛中,除了发球外,所有的进攻都源于防守,而防守的目的则是为了发动进攻,因此攻防不断地快速转换。在实战中,进攻战术和防守战术的组合形成了接发球及其进攻、接扣球及其进攻、接拦回球及其进攻、接传垫球及其进攻等四大战术系统(也称四攻系统)。

三、战术意识与指导思想

(一)战术意识

战术意识是指运动员在发挥技术水平的过程中,支配自己行动并带有一定战术目的的心理活动,也是运动员在比赛中有效地运用技术和实现战术时所具有的经验、才能和智慧的体现。战术意识培养是排球运动教学的重点。运动员在比赛中的判断能力、应变能力和实战能力以及每一项技术、战术的运用,都受一定战术意识的支配,包含战术意识的内容。

战术意识是运动员自觉的心理活动。它是通过第二信号系统实现的,其思维活动是在激烈对抗条件下进行的,与运动员的情绪和意志紧密相连,是衡量运动员是否成熟的标志。

因此，在训练和比赛中应注重培养运动员的战术意识。

1.战术意识的特征

(1)技术的目的性。在运用技术时，必须清晰思考，确保每个动作都具有明确的战术目标。只有确立明确目标、有的放矢，才能取得良好的效果。

(2)行动的预见性。排球比赛竞争激烈，赛场上形势瞬息万变，运动员为了赋予自己的技术和战术以明确目标，必须分析局势、洞察规律，了解自己和对手，预见未来。必须根据场上形势随时分析和预测可能出现的情况，随时准备采取相应对策。

(3)判断的准确性。正确的行动源于准确的判断，而准确的判断是合理运用技术的前提。在赛场上，运动员必须扩大视野，全面观察，提高判断的准确性，争取主动权。

(4)进攻的主动性。为了争取赢得比赛，运动员必须培养强烈的进攻意识，积极寻找和创造一切可能的进攻机会。

(5)防守的积极性。防守是进攻的基础，可以说，没有好的防守就不会有好的进攻。为了给进攻创造有利条件，必须首先积极防守，妥善接球。所有的防守技术和战术都必须具有明确的目标和强烈的进攻性，将被动防守转化为主动防守。

(6)战术的灵活性。无论是进攻还是防守，个人战术还是集体战术，都应该灵活变通，不要墨守成规。必须善于根据赛场上的形势变化，因势利导，灵活运用和转变进攻和防守战术，使对手难以应对。

(7)动作的隐蔽性。隐蔽性主要包括假动作和隐蔽动作。假动作旨在迷惑对手。隐蔽动作则是为了让对手摸不清技术和战术的意图，达到出其不意、攻其不备的目的。在比赛中，为了有效地攻击对手，必须使动作隐蔽，经常使用假动作和隐蔽动作扰乱和迷惑对手的判断。

(8)配合的集体性。排球运动是一项集体性很强的运动，所有技术的发挥和战术的运用都必须以集体为重心。运动员必须心怀全局，密切合作，相互补充，将个人技术融入集体配合中，努力促成集体战术的实现。

2.战术意识的培养

战术意识的培养是一项需要精心打磨和认真磨炼的任务。随着技术和战术水平的提高以及比赛经验的积累，运动员的战术意识也会逐步增强。然而，需要明确指出的是，有意识地培养战术意识与被动放任是完全不同的，它们产生的效果也是不同的。

培养与增强运动员的战术意识，一般可采取下列措施与方法：

(1)将培养战术意识的任务纳入训练计划，根据战术内容和要求有针对性地进行系统、严格和有意识的训练，确保任务得以切实落实。

(2)扎实的基本技术是培养和增强战术意识的基础，必须努力练就全面、熟练、准确和实用的技术，为战术意识的提高奠定基础。

(3)技术和战术训练应该明确目标、方法得当，并在实际训练中贯穿战术意识的培养过程，将基本技术、战术和战术意识有机地结合起来，这是有效培养战术意识的方法之一。

(4)在加强基本技术训练的前提下，多参加比赛，通过实践增长知识、积累经验、吸取教训，不断增强战术意识。

(5)抓好“无球”技术动作的训练，这是培养和增强战术意识不可忽视的内容，要想达到“球到”“人到”的战术意识境地，运动员的“无球技术动作”合理与否，将对战术意识的实现起着很重要的作用，必须在训练中反复强化。

(6)加强专项理论知识的学习和研究，提高对排球运动发展态势、规则与裁判法的了解，以及比赛规律的认识，从而提高技术和战术的运用能力。

(7)通过赛前观察和赛后总结等方式，了解和掌握双方的技术特点和战术打法，做到知己知彼，有助于培养和增强战术意识，使行动更贴近客观实际。

(8)提高对临场比赛情况的观察和判断能力，在训练和比赛中注重培养观察力，力求能对场上情况作出准确判断，以便采取正确的技术和战术，加速战术意识的培养。

(9)在训练中不仅要倡导吃苦耐劳的精神,还要激发运动员的思考能力,勤于思索,使手脑并用,从而培养运动员独立处置各种临场情况的能力。

(10)教练要有敏锐的观察力和较高的临场指挥能力,这是培养与增强运动员战术意识的关键。运动员战术意识的提高主要是通过训练和比赛获取的,故教练在训练中的主导作用和比赛中的指导作用就显得尤为重要。

(二)指导思想

战术指导思想是指导球队在训练与比赛中进行战术行动的指导思想和基本原则。

正确、先进的指导思想应该符合排球运动中的得失分规律,并顺应排球运动的发展趋势。制定本队的战术指导思想应该从实际情况出发,全面分析队伍的优势和劣势,扬长避短。要坚持本队的风格,塑造本队独特的特色,同时考虑未来比赛的主要对手和任务。

在贯彻执行战术指导思想的过程中,需要处理以下关系:当前任务与长远目标的关系;国内比赛与国际比赛的关系;独特性与全面性的关系;继承与发展、学习与创新的关系;培养技术风格与基本功的关系。只有处理好这些关系,才能够从实际出发,快速提高运动员水平。

我国排球运动经过长期实践,特别是在国际排球大赛中的锻炼,总结了正反两方面的经验教训。根据这些经验教训,提出了战术指导思想:在技术全面发展的基础上,向全攻全守的方向发展。这就要求发展高度,坚持快速、准确、熟练的技术,配合多变的战术,实现全方位、快速、高效、准确、多变的表现。

由于各队的主客观条件不同,制定战术指导思想也不应强求一致。各队在统一认识的前提下,应结合自身特点制定具体的战术设想,包括对每个队员、每个轮次以及攻防两方面的设想。一旦制定了战术指导思想,就应该将其贯彻到思想教育、作风培养、技术和战术、体能和心理训练的整个过程中。

第二节 排球运动的战术运用

一、阵容配备的战术运用

排球的战术运用密切依赖于球队的阵容配备。如果一支队伍的阵容配备不合理,大多数战术都难以有效得到运用。阵容配备必须充分考虑队员的特点,以确保他们的优势得到充分发挥,并促进队员之间的默契配合。此外,还要针对对手的阵容和特点进行有针对性的安排。

阵容配备是一项组织工作,需要考虑到队员的身体素质和技术水平。教练应该合理搭配进攻力量强、防守技术好的队员,以确保球队在每一轮比赛中都拥有强大的进攻和防守能力。

为了进一步加强观点的学术性,可以探讨如何根据队员的特点进行阵容搭配,并介绍在比赛中如何灵活调整阵容以迎合对手的策略。引入一些相关的排球战术理论或案例将有助于支持所提出的观点。

(一)常用阵容配备的形式

第一,四二配备。四二阵容中有两名二传手和四名进攻队员。这四名进攻队员中有两名主攻和两名副攻。每个队伍的前排和后排各有一名二传手,以便及时接应传球。许多中等水平的队伍通常采用四二配备的阵容。

第二,五一配备。五一阵容中有一名二传手和五名进攻队员。其中两名是主攻,两名是副攻,还有一名自由球员。由于每支队伍中可以有一名自由球员,使得五一阵容更加灵活。但是,由于只有一名二传手,这使得这二传手的责任更加重大,需要具备较高技术水平。许多中上游水平的队伍采用五一配备的阵容。

第三,三三配备。三三阵容中有三名传球队员和三名进攻队员,两者在场上位置交错。这种阵容可以保证传球和扣球的合理搭配,使得球队更加灵活。

对于业余球队和初学者来说，采用三三配备的阵容比较适合。

（二）阵容配备的主要原则

第一，在确定每个轮次的战术时，要把每个队员的特点在不同位置上充分展现出来，尽量弥补不足。

第二，在比赛中，应根据对手的攻防特点，及时调整己方的战术阵型。

第三，除考虑基本阵容配备外，还应注意替补队员的合理使用。

第四，轮次的安排要注意发挥本队的优势。如把攻击力量强的队员安排在最得力的位置上；把发球攻击性最强的队员安排在最先发球的位置上，争取开局优势，以鼓舞本队士气等。

（三）主攻、副攻和二传手的职责

主攻队员在比赛中承担着攻坚任务，需要在困难情况下突破对手的集体拦网。他们主要负责进行中、远网和后排的扣球进攻，并要求在击球的高度、力量、技巧、线路变化及准确性等方面表现出色。

副攻队员则以快速、变化和灵活的进攻方式突破对方的拦网，同时积极地奔跑和掩护，为其他进攻队员创造良好条件。他们还要承担中间和两侧的拦网任务，因此对其体能和技术有很高要求。

作为战术进攻的核心，二传手需要根据比赛情况随机应变，合理组织各种战术进攻，并积极执行教练的指示。优秀的二传手能团结全队、激发士气。

随着排球运动的发展，主、副攻队员和前后排之间的界限逐渐模糊，队员需要具备强攻和快攻的技术和战术能力。这样才能适应进攻战术的不断发展。尽管如此，主、副攻队员在责任和特点上仍有所侧重。

（四）阵容配备的注意事项

第一，阵容配备时应考虑全队队员的技术、战术、体能、思想作风、心理品质、特长、配合能力、临场经验等方面的情况。这是确保一个球队在比赛中取得成功的关键因素之一。通过综合考虑各方面因素,可以更好地形成一个全面、稳定的阵容,提高比赛的胜算。

第二,选择能攻善守、技术全面、作风顽强的队员,组成一个主力阵容以及相应位置的后备队员。主力阵容的选择需要根据队员的实际表现和比赛需要进行权衡,同时要有足够的后备力量应对可能出现的变化和突发情况。

第三,从本队的实际出发,扬长避短,形成自己的风格。把每名队员的特长在不同位置上充分地展现出来,做到人尽其用。每名队员都有自己的优势和特点,合理安排位置,有利于发挥球队整体的实力。

第四,考虑进攻队员和二传手的合理搭配,把平时配合默契的进攻、二传手安排在相邻或适当的位置,以便更好地组成战术进攻。通过合理的位置安排和搭配可以更有效地发挥球队的进攻能力。

第五,为了避免拦网、一传及防守上的漏洞,应根据队员的身高及技术情况,进行前后排及左右位置的合理搭配。拦网、一传和防守是排球比赛中的关键环节,通过合理的位置搭配可以有效地弥补个人技术上的不足,提高整体的防守水平。

第六,应考虑前排强弱轮次与发球攻击性的优化组合。前排强轮次,要安排发球稳定性和准确性高的队员发球,以增加得分的机会。攻击力弱的轮次,要安排发球攻击性强的队员,力争破攻,以减轻己方网上的压力。通过合理的发球组合,可以有效地打破对方防守,增加得分机会,提高比赛的胜算。

二、位置交换的战术运用

为了最大限度地发挥每名队员的特长,应调动一切积极因素,加强攻防力量,以弥补由于队员身体条件、体能、技术发展不平衡所带来的不足。比赛中,在规则允许的条件下,可采用交换位置的方法。

(一)位置交换的常见情况

在排球比赛中,位置交换是一种战术策略,旨在混淆对手、制造机会或改变比赛的动态。以下是一些常见的排球位置交换战术：

第一，二传手和自由人位置交换。通过将二传手和自由人交换位置，可以改变球场上的动态，使对手难以预测进攻来源。这样的交换可以迷惑对手，为进攻创造更多的机会。

第二，副攻和二传手位置交换。副攻和二传手的位置交换可以导致对手的双重关注，因为二传手通常是进攻的主要发起者。这种交换可以制造一些不同寻常的进攻组合，让对手难以应对。

第三，中锋和副攻位置交换。中锋和副攻的位置交换可以产生更多变化的进攻选择。对手可能会习惯性地对中锋进行重点防守，但通过交换位置，可以使副攻成为攻击的中心点。

第四，快攻位置交换。快攻是一种迅速的进攻方式，通过交换快攻手的位置，可以让对手难以阅读和预测。这样的交换有助于在进攻中制造混乱，创造得分机会。

第五，前排和后排位置交换。在某些情况下，特别是在发球轮转期间，可以考虑在前排和后排球员之间进行位置交换，以改变对手的防守体系。这有助于在不同的比赛时期使用不同的战术。

第六，拦网位置交换。通过在拦网位置上进行交换，可以更有效地阻挡对手的进攻。这种策略可以让更有经验或更高跳跃能力的队员在关键时刻进行拦网。

无论选择哪种位置交换战术，关键在于队员之间的默契和沟通。队员需要清楚地理解彼此的角色和责任，以确保交换位置不会导致混乱或失误。

（二）位置交换的注意事项

在排球比赛中实施位置交换战术时，有一些重要的注意事项，以确保战术的顺利执行和减少潜在的混乱。以下是一些需要考虑的关键点：

第一，默契和沟通。在执行位置交换战术之前，队员之间的默契和沟通至关重要。确保每名队员清楚了解他们的新位置以及在新位置上的职责。队员应该能够迅速而清晰地交流。

第二,训练和磨合。位置交换战术需要在训练中进行反复练习,以确保队员熟悉并适应在不同位置上的职责。通过模拟比赛情境,帮助队员更好地理解战术的具体要求。

第三,选择合适的时机和场景。执行位置交换的时机至关重要,如发球权交替、对方陷入困境或需要改变比赛动态时执行。合理使用位置交换可以提高战术效果,而过度频繁的执行则应避免。

第四,保持稳定性。尽管位置交换战术可以带来新的进攻和防守组合,但也要确保不会影响球队的稳定性。避免在关键时刻进行过于激进的交换,以防止出现混乱和失误。

第五,适应对手。执行位置交换战术时应考虑对手的弱点和防守体系。在选择何时执行交换时,要考虑对手的布阵和防守策略,以便利用他们的薄弱环节。

第六,维护个体表现。确保每名队员在新位置上能够发挥其个人优势。考虑到队员的技能和特长,选择适当的位置,以确保整体战术的成功。

第七,预防混淆和错误。通过清晰的信号、口令或事先约定的标志,防止队员之间的混淆。减少执行位置交换时可能发生的错误,提高整个过程的流畅性。

三、信号联系战术的运用

排球运动是一个集体项目,在实现快速多变的进攻战术时,必须通过信号联系才能统一行动。没有完善的信号联系,就难以实现进攻战术的变化。所以,信号联系在排球战术运用中起着重要的作用。

一支球队的信号联系要根据本队的情况,由教练和运动员协商来确定。联系信号力求简单、精练、清晰、明了。

（一）语言信号

使用语言直接进行联系，如“快”“拉”“高”“溜”“交叉”等；也可将战术编成代号，如“1”“2”“3”等，以代号进行联系。但语言联系容易泄露意图，有时可以采用真真假假来迷惑对手，如讲快打慢、讲拉打近等。

（二）手势信号

通过事先约定的手势，进行规定的战术配合。手势信号可由下列队员出示。

第一，二传手。作为进攻的组织者，由二传手出示手势有助于统一指挥。

第二，发动快攻的队员。让快攻队员选择何种快球，这有利于他们发挥主动性。

第三，打活点进攻的队员。在采用定位近体快球的掩护战术中，打活点进攻队员可以提前发出信号，表明要打出何种球。

第四，进攻队员和二传手的结合。即快攻队员作出第一个手势，然后由二传手或其他队员作出第二个手势。例如，快攻队员作出“短平快”的手势，二传队员据此作出“夹塞”或“平拉开”的手势，以通知其他队员。

（三）落点信号

根据起球后的落点，作为发动某种战术进攻的信号。落点信号的优点是具有随机性、灵活性。可根据临场情况迅速组成战术进攻，对一传不到位的球要预先制定对策。

（四）综合信号

以手势信号为主，辅以落点信号、语言信号以及教练的体态、暗示等。

四、“自由人”的战术运用

合理地选择并运用“自由人”是战术运用的一个方面。“自由人”在排球比赛中主要负责接发球和后排防守，但并非仅限于此，其角色在比赛中是灵活多变的。其上下场之间只需经过一次发球比赛过程,换人不计为正规换人次数,且次数不限。因此,选择技术高超的运动员作为“自由人”,能大大提高全队的防守水平。此外,“自由人”在前排进攻时,也可以在拦网队员体力下降需要休息并轮到后排时替换上场,以保持球队的进攻能力。因此,合理地运用“自由人”能够在防守和进攻两方面带来显著的提升,有助于促进球队整体实力的发挥。

第三节 个人战术训练

个人战术是指队员根据临场比赛的情况,有目的、有针对性地运用个人技术动作。个人战术可以提高个人技术动作的效果和补充集体战术的不足。个人战术包括发球、二传、扣球、一传、拦网、防守个人战术等。

一、发球个人战术

发球在排球技术中独具一格,因为它是唯一不受他人制约的技术。这使得发球个人战术具有相对的独立性和自主性。运用发球个人战术的目的是破坏对方的一传,从而为本方得分或反击创造有利条件。针对不同对手的接发球能力,根据临场情况灵活调整战术是至关重要的。

(一)发球性能

第一,攻击性发球。在确保准确性的前提下,采用速度快、力量大、旋转强、弧度平的攻击性发球,如跳发球等。

第二,飘球。利用发球位置的差异,有意识地发出各种性能不同的飘球,包括轻、重、平冲、下沉等。

(二)落点控制

第一,将球发至对方前场、后场、两队员之间的连接区或三角地带等空当,给对方接发球制造困难。

第二，找人发球。将球发给一传差、连续失误、情绪急躁或刚上场的队员；也可将球发给快攻队员或二传手，给对方的战术进攻造成不便。

（三）线路变化

第一，长、短线结合的发球。根据对手队员的站位情况，时而发出长线球，时而发出短线球，以引导对方，掌握主动权。

第二，直、斜线结合的发球。充分利用9米宽的发球区，采取“站直发斜”或“站斜发直”的发球方式，实施突袭。

（四）节奏变化

第一，快节奏。在比赛中，突然加快发球的节奏，打破对方的预期，造成对方失误。

第二，慢节奏。有意识地放慢发球的节奏，例如发出高吊球，利用球的下落速度变化，使对手难以适应。

（五）性能变化

以相似的动作发出不同性能的球。

（六）临场变化

若本方面临得分困难、落后较多或对方实力强势等情况，可采取主动攻击性的发球策略。当本方连续失误发球、比赛进入关键时刻、对方进行暂停或换人，或对方正处于攻击弱势时，通过攻击性发球可以更好地掌控局势，增加得分机会。在这些情况下，注意发球的准确性，尽量减少失误，并抓住得分的时机。

二、一传个人战术

一传在排球进攻中扮演着至关重要的角色，其个人战术的正确运用能够有效地组织本队的进攻战术。不同的进攻战术对一传提出了不同的要求，因此一传的方向、弧度、速度、落点和节奏等方面都具有特定的特点。

第一，对于组织快攻战术，一传需要以平直的弧度和稍快的速度传球，以加快进攻的节奏，使得快攻得以顺利展开。

第二，对于组织两次球战术，一传应该选择较高的弧度，使得球的落点接近垂直下落，这样才能更好地为两次扣球或球的转移创造条件。

第三，针对交叉战术，一传的弧度需要适中，当3号位和4号位球员交叉时，一传的落点应靠近球网中间；而当2号位和3号位球员交叉时，一传的落点则应在这两个位置之间。

第四，对于组织短平快球，一传需要根据接球队员的位置来确定落点。如果是3号位球员扣球，一传的落点应偏向2号位；而如果是4号位球员扣球，则落点应在球网中间区域。

第五，在对方第三次传垫球过网时，可以采用上手传球，以确保传球更加准确迅速，从而为快速反击或直接扣两次球提供支持。

比赛中，当发现对方场区存在较大的空当或对方队员尚未准备好时，一传可以直接采用垫、挡等动作将球击向目标区域，以实现突袭对方的效果。

三、二传个人战术

二传个人战术在排球中扮演着重要角色，其基本任务是通过空间、时间和动作的变化，巧妙地组织进攻，为扣球队员创造有利条件，从而使对手难以有效防守。

第一，隐蔽传球是一种常见的策略。二传手应以相似的动作传球，但球的方向却不尽相同，这使得对手难以准确判断传球的去向。

第二，晃传和两次球的运用也颇具威力。二传手可以先模拟扣球的动作吸引对方拦网队员，然后突然改变为传球；或者先采用传球的动作迷惑对手，然后突然改为扣球，以此来出其不意。

第三，采用“时间差”跳传也是一种有效的战术。在跳传时，二传手可以改变传球的时间，采用延缓传球的方法，这样可以让快攻队员更好地准备，同时造成对手拦网队员的时间误判。

第四,高点二传是提高进攻效率的关键之一。二传手应尽可能在跳起的最高点传球,以提高击球点,从而加快进攻速度。

第五,选择突破点也是至关重要的。在传球时,二传手应根据对手的拦网部署,尽量避开强力拦网区域,选择对方薄弱环节作为突破口,从而在局部区域形成以多打少、以强攻弱的优势。

第六,控制比赛节奏是决定胜负的关键之一。当对手出现失误或场上混乱时,可加快比赛节奏,以快攻为主;而当本方出现失误或队员状态不佳时,可适当放慢比赛节奏,以稳定情绪、调整战术。

四、拦网个人战术

拦网个人战术是一项通过准确把握起跳时机、掌握空中拦网高度和拦击面,以及变化手型动作等因素来实施的攻击行动。

第一,动作。拦针对动作,拦网队员可采用灵活的战术,如站直拦斜、站斜拦直、正面拦截侧方扣球以及佯装强攻实为快攻等假动作,以迷惑对方,提高拦网效果。

第二,变换手型。拦网队员在起跳后,根据对手进攻队员的动作变化,需要及时调整拦网手型,以达到拦截对手攻击的目的。

第三,撤手。当发现对方要将球打出界或进行平扣时,拦网队员可及时收手,造成对方扣球出界的局面。

第四,"踮跳"拦网。可以采用踮跳拦截对方快速多变的扣球,即先采用踮跳拦截第一点的快攻球,然后迅速起跳拦截第二点的进攻。

第五,前伸拦网与直臂拦网。在对手中、近网扣球时,拦网队员应尽可能将手臂前伸接近球,以封堵进攻线路;而在对手远网扣球时,则应采用直臂拦截,以增加拦网面积。

第六,单脚起跳拦网。利用单脚起跳快、空中飞行距离长的优势,可以弥补双脚起跳反应不及的不足。但需要注意控制好空中飞行距离,避免与己方队员发生碰撞。

五、扣球个人战术

扣球个人战术是指扣球队员根据比赛中对方拦网和防守情况,选择合理、有效的扣球方法和路线,以突破对方防守的有意识的行动。

第一,路线变化。扣球时运用转体、转腕灵活地扣出直线、斜线、小斜线等,避开对手的拦网。

第二,扣球时,重扣强行突破与轻扣打点有机结合,这样可以更好地迷惑对手,增加攻击的变化性。

第三,超手和打手。充分利用弹跳力,采取超手扣球技术,从拦网队员手的上面突破;还可以利用平扣、侧旋扣、推打等手法,造成拦网队员被打手出界,有效地削弱对方的防守力量。

第四,在对手严密的拦网下,先佯作大力扣杀,突然由扣变吊,将球吊入对方空当,这种变化可以有效地打乱对方的防守节奏,制造出进攻的机会。

第五,左、右手扣球。利用异侧手辅助进攻,形成左右开弓式的扣球,以增加击球面和隐蔽性,提高应变能力,这样可以更好地迷惑对方,增加攻击的不确定性。

六、防守个人战术

防守垫击与接发球相比确实更具随机性和突然性,难度更大。防守队员需要选择有利的位置,采用合理的击球动作,有效地接球,并组织各种进攻。优秀的防守队员不仅要果敢,还需具备善于思考和准确判断的能力。

第一,判断进攻点,合理取位。需要判断进攻点并合理取位。根据二传球的方向和落点,及时作出判断,并迅速调整站位。若球离网较近且无法拦网,则应提前取位以封堵角度;若球离网较远,则应稍作后撤。

第二,“有利面”放宽。在取位时,应适当放宽擅长防守的那一面,例如右侧防守较强,可以适度放宽该区域,以扩大防守范围。

第三,针对性防守。根据对手进攻队员的特点,采取相应的防守策略。如果对手只进行直线进攻,则应采取后撤防守;若对手变化多端,则应保持灵活取位;若对手倾向斜线进攻,则应直接防守斜线。

第四,拦、防配合。根据前排拦网队员的情况,主动协作并互相弥补,例如采用拦网防直球或反之。

第五,上、下肢并用。采用高姿势防守时,上肢负责上身以上的来球,下肢负责下身以下的来球。

第四节 集体进攻战术训练

随着排球运动的发展,进攻战术变得更加丰富多样。仅凭个人体能和技术战术能力很难击败对手。从实际比赛情况来看,从以前前排队员的点球进攻发展到当前的全方位立体进攻,无一不展示了集体战术的强大威力。集体战术指的是两名或两名以上队员之间有组织、有目的的集体协同配合。所有集体进攻战术的变化都建立在进攻阵型和进攻打法的基础上。

一、集体战术进攻阵型的类型

进攻阵型,就是进攻时所采取的基本队形。合理地选择进攻阵型是各种进攻战术变化的基础。

进攻阵型主要有三种,即“中一二”“边一二”“插上”。

(一)“中一二”进攻阵型

前排一名队员在3号位担任二传,其他两名队员在2、4号位进攻,是基本的进攻阵型。这是初级训练阶段,基本技术的巩固、提高及运用时采用的最基本的进攻阵型之一,如图5-1所示。

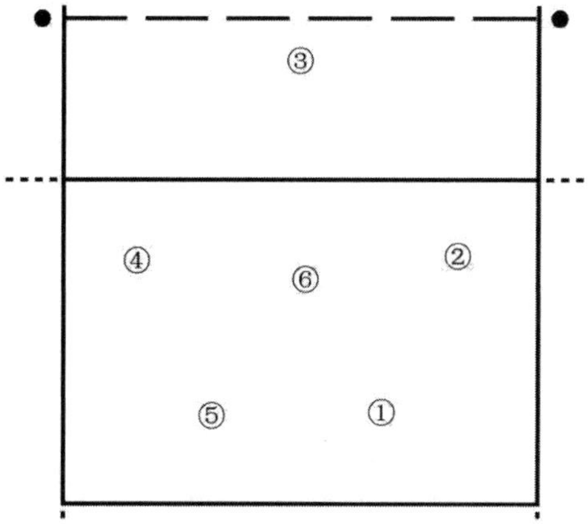

图 5-1 “中一二”进攻阵型

（二）“边一二” 进攻阵型

前排一名队员在2号位担任二传手，其他两名队员在3、4号位进攻，也是青少年初级训练阶段，采用的最基本的进攻阵型之一，如图5-2所示。

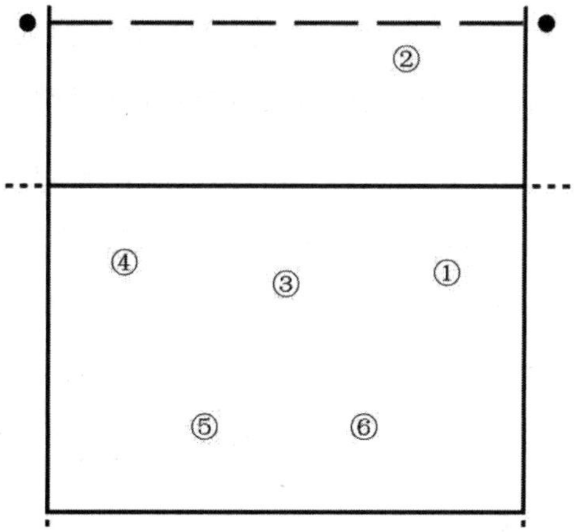

图 5-2 “边一二”进攻阵型

当二传手在4号位时，快速移动到2号位，仍形成“边一二”基本进攻阵型，也称反“边一二”进攻阵型，如图5-3所示。

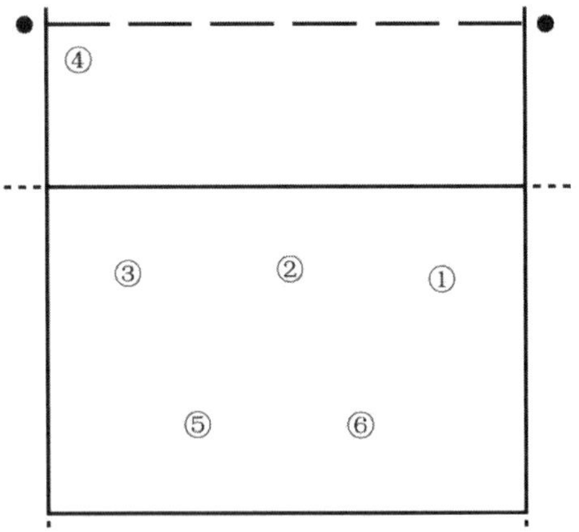

图5-3 反"边一二"进攻阵型

运用"中一二"和"边一二"进攻阵型时应注意以下要点：

第一，采用"中一二"进攻阵型时，二传手的站位应稍靠近2号位，避免与6号位队员重叠，以免阻挡视线影响其接发球。因为在"中一二"进攻阵型中，二传手需要有良好的视野和位置，以便有效传球和组织进攻。

第二，采用"边一二"进攻阵型时，二传手的站位不宜太靠近边线，以免在运用"拉开""围绕"等战术时，因传球距离远而影响战术质量。因为在"边一二"进攻阵型中，二传手需要在较中心的位置，以便更好地组织进攻并发起配合。

第三，采用换位成反"边一二"阵型时，4号位二传手既要贴网站，又要贴边线站，以免造成与3号位队员位置错误或影响3号位和4号位队员的接发球。因为在反"边一二"阵型中，4号位二传手需要同时控制好网和边线的位置，以确保队伍的战术布局和队员的传球路线都得以有效实施。

（三）"插上"进攻阵型

当二传手在后排时插上到前排做二传，组织前排三名队员进攻的进攻阵型，如图5-4、图5-5所示。当前，高水平排球队当二传手在后排时，不论是接发球进攻，还是防守反攻，均采用"插上"进攻阵型。

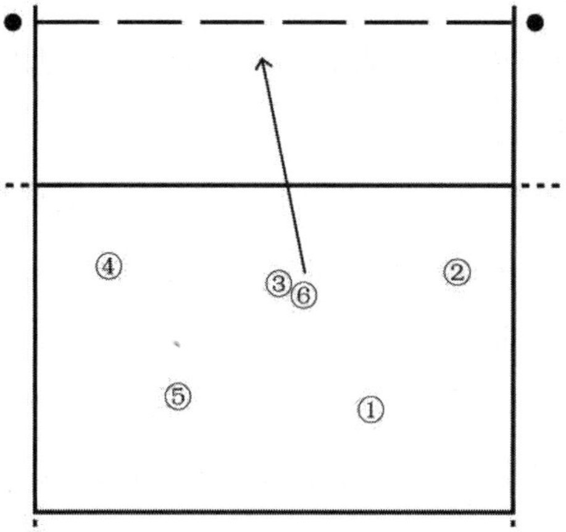

图 5-4 “插上”进攻阵型一

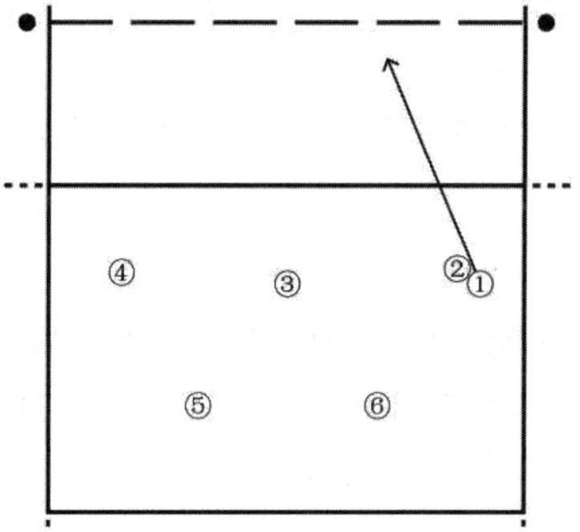

图 5-5 “插上”进攻阵型二

运用“插上”进攻阵型时应注意以下要点：

第一，为了使“插上”队员能尽快插到网前，且不影响其他队员接发球，“插上”队员一般站在同列队员的侧后方，以便缩短“插上”跑动路线。因为在“插上”进攻阵型中，队员的站位需要经过精心安排，以确保队伍的协调和运动效率。

第二,“插上”要及时(对方发球击球后应立即“插上”),但又不应启动过早造成位置错误。因为在“插上”战术中,队员需要在确保时机合适的前提下迅速作出反应,以便有效地实施进攻。

第三,采用“插上”进攻阵型时,前排三名队员都应具有较强的进攻能力并能打各种跑动进攻。因为在“插上”战术中,前排队员承担着主要的进攻任务,需要具备较强的技术和跑动能力。

第四,“插上”的二传手要有较熟练的传球技术和较高的战术素养。因为二传手在“插上”进攻中扮演着关键的组织者角色,需要具备出色的传球技巧和对战术的敏锐理解。

第五,本队要有较好的接发球一传做保证。这一要点是至关重要的,因为在任何进攻战术中,良好的接发球和一传是建立攻势的基础,能够确保进攻的顺利进行。

第六,“插上”队员在“插上”过程中,应有接一传的思想准备,因为对方发球很可能破坏“插上”。因为在比赛中对手可能会采取各种方式干扰和破坏己方的进攻计划,因此队员需要随时做好应对措施。

第七,反攻中应加强情况判断,有可能时,应迅速做行进间“插上”,以保证前排的多点进攻。因为在反击时,及时的情况判断和迅速的“插上”可以有效地打乱对手的防守布局,增加进攻的多样性和突破性。

二、集体进攻打法的战术设计

进攻打法的多样性是显而易见的,而且它们可以相互组合,从而形成更多的进攻方式。快球掩护的进攻实际上就是将快球与其他进攻方式相结合,而立体进攻则包含了许多不同进攻方式的组合和变化。

在进行进攻时,核心是要尽量避开对方的拦网,将球扣过去。因此,各种进攻方式都考虑了进攻的时间和空间因素。快球进攻力求速度,希望对方来不及跳起拦网,争取到时间上的优势。而“时间差”和梯次进攻也会导致对方在判断拦网时间时产生误差，从而使扣球得分的可能性增加。空间因素则指的是进攻点的位置。由于球网长度为9米，运用球网的长度就产生了“拉开”或“集中”进攻的策略。在扣球时，离网的击球点越远，对方拦网的有效阻拦面就越小，因此产生了中、远网进攻和后排进攻的概念。改变进攻点的位置可以阻碍对手拦网队员的移动，因此出现了各种交叉、“加塞”和双快一跑等策略；同时，变化进攻点也会使对方对拦网点的判断产生错误，因此出现了“位置差”和“空间差”等情况。综合考虑时间和空间因素，就可以设计出更多的进攻方式。立体进攻综合了时间和空间因素，同时也涉及前排和后排队员的参与。

立体进攻是将时间、空间以及各种进攻打法等因素综合考虑，形成多方位的组合进攻，因此相比其他单一的进攻方式更为丰富，也更具先进性。在排球比赛中，设计进攻打法应当更多地考虑到本队和对手的实际情况，以及比赛过程中的瞬间状况。最佳的策略是利用本队的优势攻击对手的劣势，而最差的情况则是攻击对手的长处而暴露自身的弱点。有时候，“以长攻长”和“以短攻短”也可以是有效的方案。事实上，进攻打法并不存在先进与落后之分，而是取决于是否能够克敌制胜。即使是最简单的高举高打，只要能够取得得分效果，也同样是有效的进攻方式。

三、集体进攻阵型战术的训练

第一，讲解与示范。建立全面的进攻战术概念至关重要。教练应利用挂图、录像、沙盘等工具，在球场上结合实际场景，对进攻战术的名称、队员位置、分工、职责以及跑动路线等进行详细讲解和生动示范，以确保运动员理解并掌握每种进攻战术的优缺点。

第二，徒手模仿练习。通过在半场进行徒手模仿练习，要求运动员按照各种进攻战术的要求进行站位和跑动，以此使他们初步感受并明确各个位置的分工与配合方法，为实战打下基础。

第三，用排球在简单条件下练习。例如，在练习“边一二”进攻战术时，教练可以采用抛球、近距离扔球、下手发球、上手发轻球等方法进行练习,以帮助运动员更好地理解和掌握战术要领。

第四,复杂条件下练习进攻战术。一旦运动员初步掌握了基本的进攻战术,教练应逐步增加练习的难度,提高速度、加强对抗性和连续性,以确保战术练习能够紧密结合实际比赛,让运动员在更复杂的环境中运用所学战术。

第五,比赛中巩固提高进攻战术。通过对抗、模拟比赛等形式,不断改进和提高运动员的进攻战术水平,确保他们能够在实战中灵活运用各种战术,取得更好的比赛成绩。

第五节 集体防守战术训练

一、集体防守战术的常见阵型

(一)接扣球防守阵型

1.单人拦网防守阵型

初级训练水平的队伍,在对方进攻威力不强或频繁使用吊球时,可以采用单人拦网防守阵型。排球队可以指定前排个子较高或拦网技术较好的队员担任拦网手,而一名前排队员则后撤负责防守吊球或者防止拦网后掉落在前场的球。另外一名前排队员则撤退至后排与后场的三名队员形成“马蹄形”防守阵型。

2.双人拦网“边跟进”防守阵型

当对方进行进攻时,防守方采用前排邻近位置的两名队员配合组成双人拦网,而另一侧不进行拦网的队员则撤退至防守位置。后排队员负责跟进直线球并防守前场区域,这构成了“边跟进”防守的基本阵型。根据对手扣球和己方防守水平的不同,队员可采用下列方式灵活变化:

(1)活跟。对手进攻灵活地运用扣、吊结合的打法时,防守直线位置的队员通过自己的判断决定是防后场还是跟进防前场。当他跟进时,6号位队员应向跟进队员一侧移动补位,防止对方推吊空当。活跟防守阵型如图5-6所示。

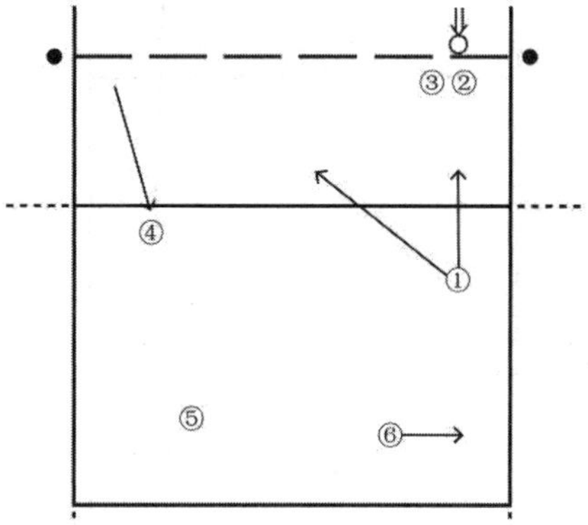

图5-6 活跟防守阵型

(2)死跟。防守直线的队员无论对方是扣球还是吊球,都跟进保护,6号位队员移动补位防守直线。这种阵型常用于对方进攻直线少而吊球较多时。死跟防守阵型如图5-7所示。

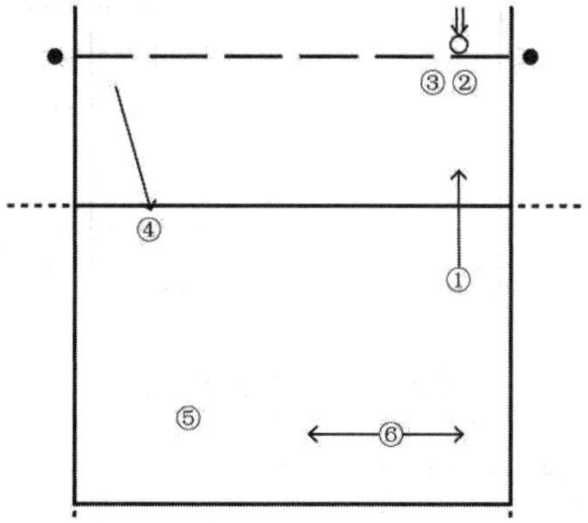

图5-7 死跟防守阵型

(3)内撤。采用"活跟"防守时,为了加强防守前场的吊球,不参加拦网的2号(或4号)位队员内撤至进攻线附近区域进行防守,如图5-8所示。

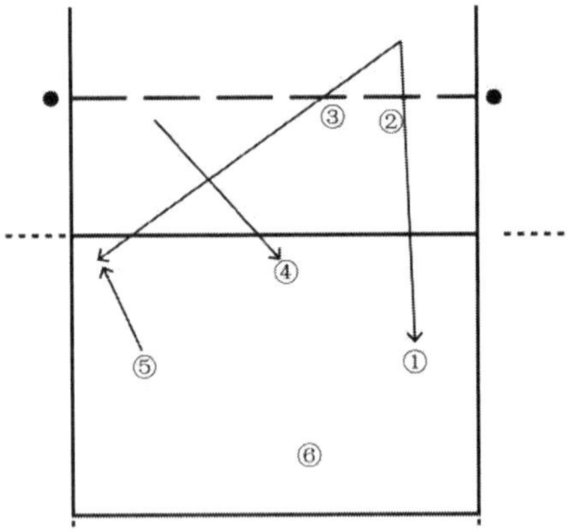

图5-8 内撤防守阵型

(4)双卡。对方进攻灵活运用扣、吊结合,本方在采用“死跟”防守时,让不拦网队员内撤防守中场,后排两人防守后场,如图5-9所示。

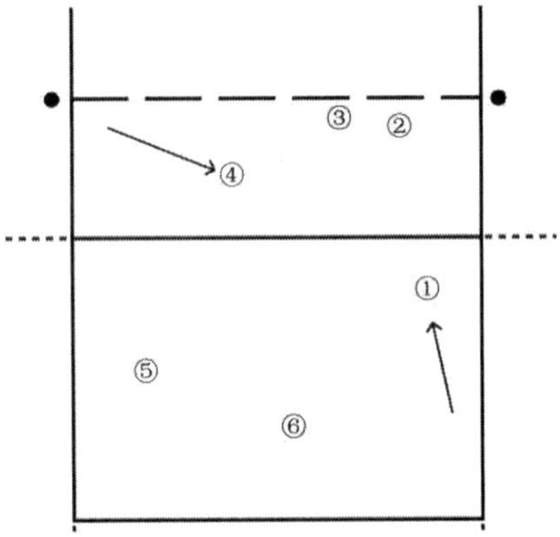

图5-9 双卡防守阵型

3.双人拦网“心跟进”防守阵型

双人拦网中的“心跟进”防守,又称为“6号位跟进”防守,指的是6号位队员负责跟进防守前场区的吊球或拦起的球,而其他两名后排队员则负责防守后场区的所有球。未进行拦网的队员会撤至后场进行防守。这种防守策略适用于对方采用打和吊相结合的战术,并且本队的拦网能力较强时。“心跟进”防守阵型如图5-10所示。

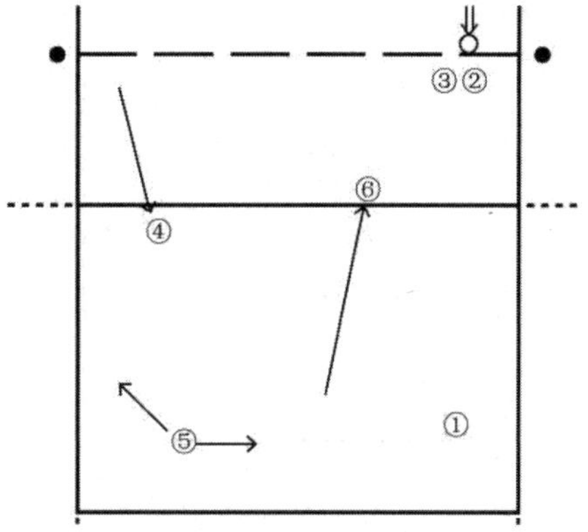

图5-10 “心跟进”防守阵型

4.三人拦网防守阵型

三人拦网则是集体拦网的一种形式，通常应用于对手扣球进攻强势、战术路线多变且很少使用轻扣和吊球的情况。三人拦网的动作与双人拦网相似，关键在于队员迅速移动、取位准确且密切配合。当对手的3号位队员在前排或后排进行进攻时，拦网的定位以3号位队员为准，2号位和4号位队员配合进行拦网。其基本防守阵型有6号位压底(图5-11)和6号位跟进(图5-12)两种。

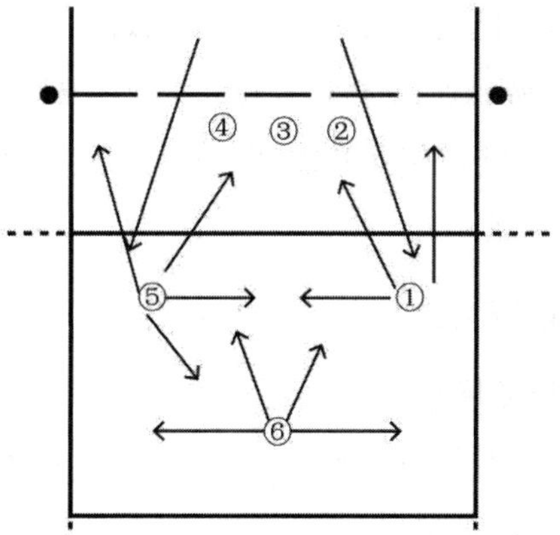

图5-11 6号位压底防守阵型

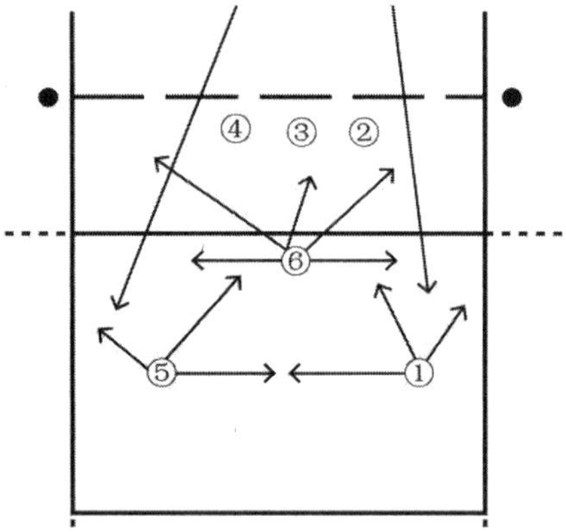

图5-12 6号位跟进防守阵型

5.接扣球防守基本要求

(1)精力高度集中、注意预判,及时取位并快速移动,加强手臂和身体对来球的缓冲动作,以及垫球时对平面、角度、弧度、速度的控制十分重要。

(2)接扣球防守时,前排拦网队员需要迅速移动并准确取位。起跳时,与队友之间的配合要形成尽可能大的阻挡面,包括间隔距离、身体重心、网上空中手间距。后排防守应面对进攻队员,确保任何后排防守阵型都能组成半弧线形的防守圈。

(3)后排防守必须与前排拦网密切配合。前排拦网主要针对对手的主要进攻线路,而后排则需留意防守其他空隙以及吊球、轻扣等。前、后排应相互配合,在各自的防守区域尽责,并做好弥补和接应的准备。

(4)特别强调相互呼应、相互鼓励,发扬勇猛顽强、不怕摔打的拼搏精神,以提高球队的凝聚力和战斗力。

(二)接拦回球防守阵型

1.五人接拦回球防守阵型

己方强攻时,进攻点明确,除进攻队员外,其他5名队员可以形成以下阵型接拦回球:

(1)“三二”阵型。这种阵型在对手拦网强,拦回球落点比较集中时采用。

如当己方4号位进攻,3、5、6号位队员组成第一道防线,1、2号位队员组成第二道防线。“三二”阵型如图5-13所示。

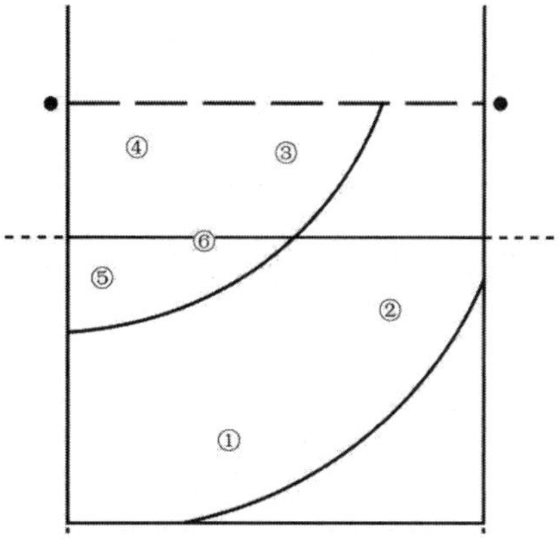

图5-13 “三二”阵型

(2)“二二一”阵型。这种阵型在对方拦回球落点比较分散时采用。如当本方4号位进攻,3、5号位队员负责前场区防守,2、6号位负责中后场区防守,1号位队员在端线附近负责后场区防守。“二二一”阵型如图5-14所示。

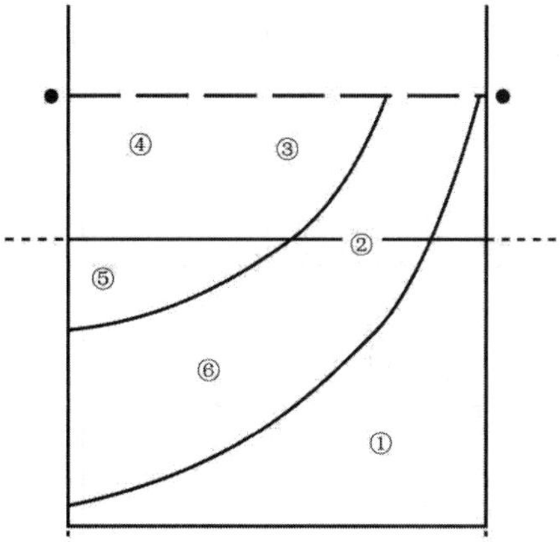

图5-14 “二二一”阵型

(3)“二三”阵型。在对方拦网能力一般、拦回球落点比较分散时采用。如当本方4号位进攻,3、5号位队员负责前场区,1、2、6号位队员负责中场区和后场区防守。"二三"阵型如图5-15所示。

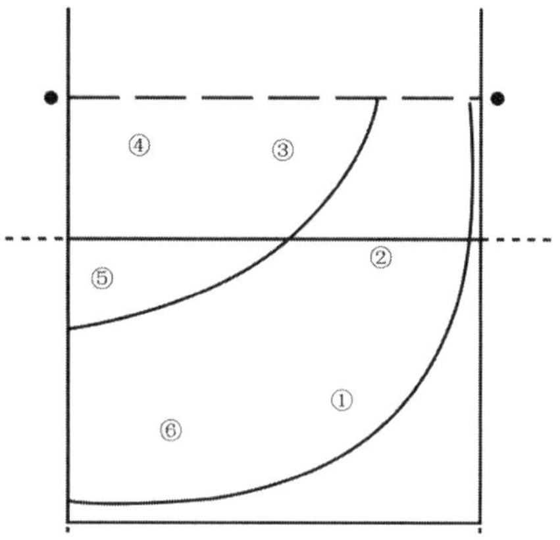

图5-15 "二三"阵型

2.四人接拦回球防守阵型

本队若以插上及快球进攻为主,进攻点经常变化。除了进攻队员和二传手外,只有4名队员能够参与接拦回球。例如,当本队的3号位进行快球进攻时,4号位队员会后撤,而1号位队员则跟进。这时,4号位和1号位队员将负责前场区的防守,而5号位和6号位队员则负责中后场区的防守。四人接拦回球防守阵型如图5-16所示。

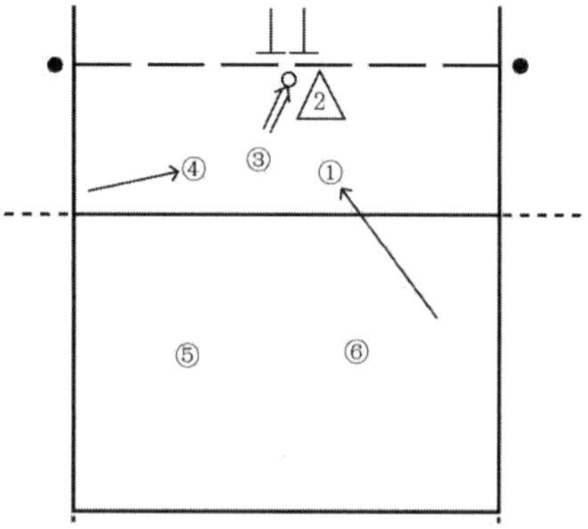

图5-16 四人接拦回球防守阵型

3. 三人接拦回球防守阵型

如果本队以前排快攻配合为主，那么进攻点的变化将更为复杂。前排的三名队员将在掩护和跑动方面发挥作用，而二传手则在组织进攻后立即参与接拦回球，形成三人接拦回球防守阵型，如图5-17所示。

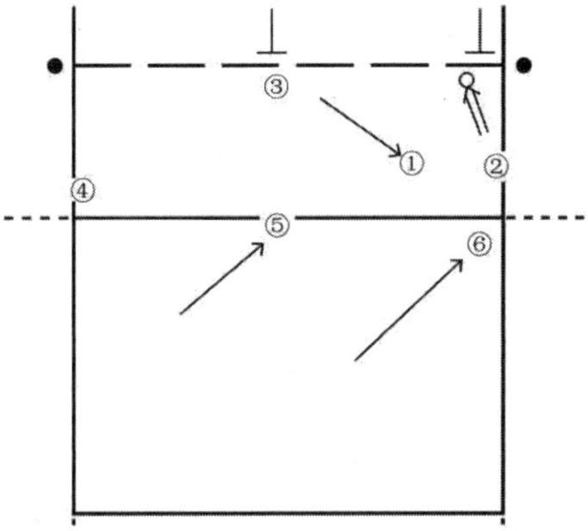

图5-17 三人接拦回球防守阵型

二、防守战术的阵型训练

（1）6人半场接抛球单人拦网防守。六名运动员在半场，其他运动员在场外观摩并等待练习。教练持球站在对方网前，或跑到4号位，或跑到2号位，抛球过网组织运动员练习，运动员据此进行拦防的布局，并将球接起。进行3～5轮练习后，前后排运动员交换位置。进行同样的练习后，换下一运动员上场练习。

（2）前排下撤防守。五名运动员一组，在4号位或2号位练习。一名运动员站在网前取位，其他四名运动员在边线外等候。教练在同一半场的2号位或4号位队员网前原地扣球。其他组运动员可以拣球，或进行其他练习（分组轮换时）。练习的运动员面对球网，看到教练抛球后迅速下撤防守，以防教练扣来的球。教练扣球15次后换下一组运动员进行练习。

(3)6人半场拦防扣球。六名运动员一组。一组在半场准备拦防,防守起球后可以组织反攻。其他组运动员在另一半场的2号位和4号位准备扣球,由教练组织进攻,运动员轮流给教练抛球。进行6次扣球后,防守方前后排交换位置,再进行6次扣球后,换另一组运动员进行拦防。扣球运动员要主动拣球。

(4)后排防扣球。让运动员自愿组合,三人一组,分别站在场内的1号位、6号位、5号位准备防守。其他运动员在另一半场,分站2号位、4号位准备扣球,由教练组织进攻。运动员轮流给教练抛球。每进行5次扣球或防守有效起球1~2次后,换另外三名运动员进行防守。等待扣球的运动员拣球。特别注意要拣走防守垫到网前的球。

(5)1号位、5号位防守、接应。五名运动员一组,两组上场练习,分站1号位、5号位。教练在网前3号位原地扣球。先扣球给5号位运动员防守,1号位运动员接应传或垫球至网前。进行10次扣球后,改向1号位运动员扣球,5号位运动员接应传或垫球至网前,如此轮换。若时间允许,可让1号位和5号位的运动员换位后再进行练习。

(6)6人拦防高台扣球。六人在半场准备拦防,教练站在对方4号位的高台(凳子)上扣球。每次练习到第二次击球为止。进行5次扣球后,教练换到2号位扣球,再进行5次扣球后,拦防运动员前后排交换角色,继续练习。然后换另外六名运动员上场练习。其他运动员拣球、递球,并观摩练习。

第四章 排球运动的专项体能训练

第一节 排球运动的力量与速度训练

一、排球运动的力量训练

人体的所有活动都是克服阻力而产生的,体育运动相比日常活动需要克服更大的阻力。力量素质即指肌肉在工作时克服阻力的能力,因此,力量是影响体育成绩的重要体能要素之一。

排球训练和比赛会因不同因素的介入而产生不同结果,其中力量的影响因素不可忽视。排球运动员所需的弹跳力、弹跳耐力、移动速度和移动耐久力都以力量为基础。因此,重视力量训练、发展力量素质对于提高技术水平、减少伤害事故具有重要意义。

力量素质可以通过绝对力量、相对力量、速度力量和力量耐力来表现。

绝对力量是指不考虑体重的情况下所表现出的力量,比如运动员下蹲举起的杠铃的重量。

相对力量则指每千克体重所具备的力量,计算公式为相对力量等于绝对力量除以体重。

速度力量即在短时间内克服阻力的能力,如扣排球、投掷羽毛球等。 力量耐力指长时间克服阻力的能力。

(一)力量素质的主要形式划分

按照不同的分类标准,力量素质可以分为不同的形式。每种分类形式之后的力量训练都遵循不同的训练原则。以按照力量做功所需克服的阻力为例,将力量素质分为最大力量、速度力量和力量耐力这几种形式,并对其逐个进行分析：

第一，最大力量（绝对力量）：最大力量是肌肉在运动过程中需要克服的最大阻力，与个体体重无关。一般情况下，随着肌肉体积的增大，最大力量也会增加。

第二，速度力量（爆发力）：速度力量是肌肉在运动过程中需要快速克服阻力的能力。它是速度和力量的有效结合，即运动员在最短时间内爆发出最大的力量。速度力量的表现取决于克服阻力的速度，阻力越大，速度越慢。

第三，力量耐力：力量耐力指肌肉在长时间运动中克服阻力的能力。当肌肉长时间进行工作时，遇到的阻力越大，肌肉运动的时间就越短。力量耐力训练的目的是提高肌肉在持续运动中的耐力，使其能够长时间进行工作。

（二）排球运动力量训练的特点

排球运动员的力量素质在一定程度上具有高度的全面发展特点。排球运动作为一项竞争性非常强的运动项目，对运动员的上肢力量、下肢力量以及身体各个肌肉群之间的相互协调性都提出了很高的要求。由于排球运动的特殊性，肌肉的爆发力和耐久力也至关重要。在整个排球运动过程中，运动员需要运用最大力量进行跑跳和对抗，这要求在训练中不能仅仅发展某一种力量，而忽视其他力量的训练。优秀的排球运动员在完成技术动作时表现出较高的精确度和完美性，他们具备敏锐的时空判断能力，并能够精准掌握用力的大小。

随着社会的不断进步和科学技术水平的提高，排球竞技的强度也不断增加，这对运动员的身高和身体灵活性提出了更高的要求。身体越强壮，运动员在比赛中的对抗性就越强。

第一，极限负荷与不断提高刺激强度是力量增长的前提。从发展力量的生理过程来看，进行肌肉抗阻力的训练可以增长肌肉力量。合理的阻力施加可以促进力量的快速增长，但增长了力量的肌肉需要进一步增加刺激才能持续增长。

第二，力量训练的特异性是力量训练与技术动作结合的基础。任何技术动作都有其独特性，这种特异性的生理基础是神经系统的适应性。因此，力量训练应该模拟实际运动动作的特征，包括肌肉收缩速度、类型和力量，以反映专项动作的结构、速度和方法。

第三，动力性训练是力量训练的主要形式。动力性训练是肌肉处于动力状态进行的练习，可以根据运动员的力量水平安排适宜的运动量。动作速度的变化有助于增加参与工作的肌纤维数量，并使动作完成时的速度接近比赛速度。因此，动力性训练是发展排球运动员力量素质的主要方法。

第四，力量素质的增长与消退具有独特的规律性。短期的突击力量训练效果快，但消退也较快；长期持续的力量训练效果较慢，但消退也较缓慢。每日进行力量训练可以保持训练效果，而间隔时间较长的训练效果则会减小。因此，每周进行2～3次力量训练是必要的，力量素质增长与消退的规律为训练提供了依据。

第五，女子力量训练要减少脊柱负担。由于女子生理结构的特点，力量训练方法应注意避免对脊柱负担过重的练习。在进行下肢和上肢力量练习时，应采取循序渐进的原则，尽量减少脊柱负担，避免严重后屈的练习。

第六，少年力量训练要考虑年龄特点。考虑到少年骨骼发育的特点，少年时期进行力量训练需十分谨慎，并针对不同年龄段的特点采取不同的训练方法。在8～13岁阶段，应注重全身各部位力量的发展，多采用动力练习，负荷应适当，以承担克服自身体重的练习为主。13～15岁阶段是发育的第一阶段，需注意脊柱负荷，在轻器械的负重练习中逐步增加负荷。16～18岁阶段可逐步承担更大负荷的力量练习。

（三）排球运动员运动力量训练的方法

1.最大力量训练

最大力量训练的方法主要有两种：增加肌肉生理横断面的最大力量训练和改善肌肉内协调能力的最大力量训练。

（1）增加肌肉生理横断面的最大力量训练

第一,负荷强度。在选择负荷强度时,应以重量为主要指标。训练时应采用最大极限负重量的60%~85%进行,以全面促进肌肉的功能性肥大,增加肌肉的横截面积。在进行突破性运动训练时,应少用100%的极限负荷,以减少运动员受伤和心理压力过重的风险。每周可穿插进行1~2次,适当的负荷强度能够提高肌纤维的同步化工作程度,促进良好的运动心态形成。

第二,练习的持续时间。运动员在训练时,练习的时间不宜过长。每次训练可适当减小动作幅度和完成速率,控制动作的流畅性。最大的忌讳是动作中间停顿,一次动作一般为4秒钟,有利于肌纤维的增粗和肌肉横截面积的增加。

第三,练习重复的次数与组数。运动员进行最大力量训练时,重复次数和组数应根据自身情况而定。最后几组和次数的练习是肌肉参与最多的阶段,当生理运动达到极限时,进行负荷较小的训练效果与极限负荷相似。

第四,组间的间歇时间。运动员进行肌肉力量训练时,应保持合理的组间间歇时间,待上一组练习中肌肉疲劳基本消除后再进行下一组练习。

(2)改善肌肉内协调能力的最大力量训练

第一,对于负荷强度的选择,确实需要注意选择适当的负重量,以确保肌肉内协调能力的最大力量达到较高水平。采用负重量的85%以上进行负荷强度的训练,可以有效刺激运动神经中枢,使更多的运动单位参与到运动活动中。

第二,在练习持续时间上,确实需要注意控制持续训练的时间,避免过长时间的训练造成肌肉动作记忆的产生。长时间的训练会影响一些需要最大力量的动作。同时,每次练习的动作速度适当加快,每次动作完成的时间一般以2秒钟左右为宜。

第三,组间的间歇时间确实需要根据运动员的身体素质和身体情况来确定。一般来说,要保持在三分钟左右,或者更长一些,以确保运动员在进行下一组训练时能够有充分的恢复时间。

在进行最大力量的训练时，排球运动员首先需要增加肌肉横截面积来增加肌肉的体积和力量。在建立了一定的力量基础后，再进行协调性的训练，可以最大限度地减少肌肉损伤的发生。

2.速度力量训练

（1）负重练习

第一，负荷强度应适宜。在进行排球运动员速度力量训练时，确实需要注意负荷的选择。过大的运动负荷可能会影响动作速度，而负重过小则难以达到速度力量的训练效果。因此，需要通过科学实验和实践来确定合适的运动负荷强度。在进行速度力量训练时，确实应该让运动员自身去感受最大速度和最大用力，例如在发展爆发力时，伸缩性会更大，这时应采取较大的负荷强度。

第二，练习的次数和组数。在排球运动员进行运动训练，特别是速度力量训练时，练习的次数和组数确实应根据个人情况而定，不宜过分高估或低估自身的运动能力。通常来说，重复练习次数应该在5～10次之间，组数为3～6组。在确定练习的组数时，应遵循一个原则，即在不降低运动员完成速度的前提下进行。

第三，组间间歇的时间。组间间歇的时间确实应适当延长，但不宜过长。通常以2～3分钟为宜，时间过长可能会导致中枢神经系统兴奋性下降，对下一组练习产生影响。因此，在控制间歇时间时需要注意平衡，以确保运动员在下一组训练时能够保持良好状态。

（2）不负重练习

排球运动员在进行不负重练习时，意味着他们在没有使用运动训练器材的情况下进行速度力量训练。这种练习包括原地深蹲跳等动作，以克服自身体重进行训练。学生可以采用单、双足跳台阶和跳深练习等方式，或者进行上肢和躯干的练习。

第一，跳深练习。跳深练习确实是一种多样有效的发展下肢力量的训练方法。跳深、连续跳过障碍物等动作对增强下肢爆发力有显著作用。这种练习方法通常是一种超等长的训练，要求肌肉做离心和向心工作以保持动作连续性和爆发性。跳台阶练习也是一种良好的选择，可以单脚或双脚跳，但在进行训练前应做充分准备活动以预防运动损伤。

第二，动作的快速练习。动作速度的练习方法也多种多样，其中一种有效的方式是手持轻重物进行训练。然而，手持物品的重量不应超过比赛时所需承担的重量。若超过此限制，学生可能会感到厌恶，导致训练效果减弱。因此，确保练习时的心态平和，不超过比赛时的负荷，是保证训练效果的重要因素。

3. 力量耐力训练

（1）练习的强度

练习的强度对排球运动员的力量耐力训练至关重要。在进行这类训练时，选择适当的练习强度是确保运动员取得良好成绩的关键。一般而言，当运动员进行克服较大阻力的力量耐力训练时，应该以相当于最大负荷量的75%～80%来进行重复练习。而对于克服较小阻力的训练，运动员则应该保持最小负荷强度不低于最大负荷强度的35%。负荷强度过大或过小都可能对训练效果产生负面影响，因此，选择适当的练习强度至关重要。

（2）练习的重复次数与组数

在运动员进行力量耐力训练时，确实需要将练习的次数推至自身的极限水平，这有助于达到训练的效果。达到无法再继续进行的程度时，确实能够有效提高呼吸系统供氧能力，促进血液循环，从而实现训练目标。

排球运动员在进行力量耐力训练时，练习的组数和运动负荷也应根据实际情况确定。通常情况下，力量耐力训练确实应在运动员达到极限重复次数的前提下进行。这样做有助于确保训练的有效性，并能最大程度地提升运动员的体能水平。

（3）练习的持续时间

在进行力量耐力训练时，练习的持续时间是一个重要考量因素。在采用动力性练习时，练习的次数和组数共同决定了练习的持续时间。而当采用静力性练习时，通常要求单个动作的持续时间在10~30秒钟。这样的时间范围可以确保训练的科学性和有效性。

练习的持续时间通常受到负重量的影响。当运动员负重量较大时，持续时间可能会相应缩短；而负重量较小时，持续时间可能会稍微延长。这种调整有助于保持训练的适度强度，确保运动员能够有效地完成训练并提升体能水平。

(4)组间的间歇时间

在进行力量耐力训练时，组间的间歇时间也至关重要。运动员应该坚持一个重要原则：在身体未完全恢复的情况下进行下一组练习。这有助于积累运动疲劳，使运动员在疲劳状态下完成训练，从而促进力量耐力的增长。当运动员出现明显的疲劳症状时，应适当延长休息时间，以确保身体机能能够充分恢复到训练前的状态。

4.综合力量训练

(1)塔式训练法

塔式训练法是指通过进行极限及次极限的运动强度来逐渐增加运动负荷的重量。这种方法要求逐渐提高负荷至运动员仅能完成一次，然后再逐渐减少负荷，同时增加运动次数。

(2)循环训练法

循环训练法是按照一定规则设置若干力量练习点，并综合安排不同的训练内容，通过多种渠道和方法影响不同肌群的力量。

(3)混合训练法

混合训练法是指采用两种或两种以上的训练方法来发展力量能力。例如，可以先进行肌肉增粗训练3~4组，然后进行快速力量训练4~8组。

(四) 排球运动员运动力量训练的要求

1.遵循力量训练的顺序安排

力量训练中，因为小肌肉群比大肌肉群容易疲劳，为了保证大肌肉群能承受更大的负荷，必须在小肌肉群出现疲劳前，使大肌肉群得到充分训练。例如，在负重蹲起训练腿部力量时，当想要重点训练的股四头肌尚未达到疲劳程度时，腰背等较小的肌肉可能已经疲劳无法继续训练。因此，在训练过程中，教练应注意采取适当的方法避免这种现象的发生。比如，在进行负重蹲起训练之前，可以先使用其他训练方法使股四头肌产生一定程度的疲劳，或者与其他肌肉同时进行训练，以确保股四头肌首先达到所需的疲劳程度，或者与其他肌肉同时疲劳，从而获得最大限度的锻炼效果。同时，教练还应考虑在连续的练习中避免使用同一肌群，以确保肌肉有足够的恢复时间。

2.力量训练以动力性练习为主

训练实践中，主要采用的是动力性练习的方法。在动力性状态下进行训练可以显著提高力量发展。

静力练习可以有选择地训练某一肌群，可作为康复的一种手段，并且不需要复杂的器材等。

等动练习可以使运动员在动作的任何阶段都表现出极限或接近极限的力量，从而达到其他负重练习无法达到的效果。然而，目前在排球运动员的力量训练中，等动练习并未得到广泛应用。主要原因是尚缺乏适合排球运动员使用的专门器材。

（五）排球运动员力量训练的注意事项

第一，遵循学生生理特点。少年时期的力量训练应该非常谨慎，要重视其年龄特点。在8～13岁这个阶段，发展全身各部位的力量应该多采用动力性练习，并且负荷应该控制在自身体重范围内。这个时期主要通过肌肉组织的内协调来增加力量，而不应该追求肌肉组织的肥大。因此，应该选择轻型器械进行负重练习，比如哑铃、轻杠铃等。在这个时期，可以通过增加肌肉体积和提高肌肉内协调性这两种途径来增强力量。到了16～18岁，年轻人可以承受更大的负荷强度。在整个少年阶段进行力量训练时，教练应该考虑到少年骨骼尚未完全骨化的特点，并且要特别注意个体差异。

第二，合理安排负荷强度。对于需要克服较大阻力的动作，如扣球技术的起跳动作和举重动作，进行极限或次极限负重强度的力量训练是有益的。而对于需要克服较小阻力的动作，如扣球挥臂动作，小负重强度的力量训练则更为适合。极限强度负重训练的目的在于克服动作过程中的外在较大阻力，因此，在训练中应该保持动作速度不降低或不损失，以促进肌肉收缩的力量素质发展。而小负重强度训练则旨在通过适度的负荷刺激来提高动作速度。

第三，做好准备活动。在进行力量训练之前，确保进行充分的准备活动，明确练习任务，要求运动员保持精力集中、动作正确。避免在身体疲劳时安排力量练习，并且在进行大负荷练习时要加强保护措施。

第四，力量练习与局部力量练习相结合。安排力量训练时，应当综合考虑整体力量练习与局部力量练习，同时发展大肌肉群与小肌肉群的力量。这样可以保证身体各部分的力量均衡发展，同时避免因局部负担过重而导致的伤害事故。

第五，遵循力量增长与消退的规律。每天进行一次力量训练可以获得100%的效果。但是，随着训练次数的减少，效果也会相应减少。因此，每周进行2～3次力量训练是必要的。训练频率的降低会导致力量效果的减退，而长时间停止训练则会使力量水平降回初始状态。因此，根据力量增长与消退的规律来合理安排训练计划，可以最大限度地提高训练效果并延缓力量的消退速度。

第六，充分利用力量负荷后的后效应作用。负重训练不仅可以激发更多肌纤维参与收缩，而且在负荷后一段时间内，神经肌肉系统还会表现出适宜的兴奋特性。这种现象在训练实践中也有所体现。例如，在做了准备活动后，进行2～3组半蹲负重练习前后进行助跑摸高测试，会发现负重练习后的助跑摸高高度似乎更高。这说明适度的力量训练后，肌肉的收缩速度有所增加。这就是力量负荷后的后效应作用。因此，在每组上肢、躯干的负重练习之后，立即进行徒手相同动作的速度训练，有助于提高动作速度。对于扣球技术的躯干与上肢动作的力量训练，也应该遵循这一规律。

第七，杠铃练习须辅以其他练习。杠铃练习是发展力量的有效手段，但单一的杠铃练习不能满足排球运动员向各个方向跳跃的要求。因此，运动员在进行杠铃练习时，还应该辅以其他一些练习，例如快速的小步跑、高抬腿跑、短距离的冲刺、原地或助跑的单双脚跳、跳绳、多级蛙跳等。可以采用循环训练法将这些练习与各种杠铃练习结合起来。这样做既可以防止肌肉僵化，提高肌肉弹性，又可以培养运动员的协调性和灵活性。

第八，切勿在疲劳状态下进行力量练习。排球运动员进行力量练习时应避免处于疲劳状态。由于运动员的肩带肌群薄弱，关节灵活性高，韧带纤细，如果在疲劳状态下进行力量练习，很容易导致伤害事故和形成慢速动作的动力定型。

二、排球运动的速度训练

为了提高排球训练效果，需要加强对排球专项速度训练的重视。这意味着明确训练的原则和方法，帮助运动员提高综合素质，以有效应对比赛和练习中的问题。此外，通过提高自身的身体素质，可以保证排球运动训练的顺利进行。

（一）速度素质的主要形式划分

排球训练中，以下三个关键的速度素质需要加强:

第一，反应速度，即运动员对外界刺激作出反应的时间。

第二，动作速度，指完成某一动作所需的时间，对排球运动员来说，包括传球和扣球的速度。

第三，动作频率，即单位时间内完成同一动作的次数。另外，还有位移速度，即运动员在单位时间内通过一定距离的能力。动作频率综合反映了反应速度和动作速度，并且受力量、柔韧性和耐力等因素的影响。在排球训练中，加强这些速度素质可以提高运动员的整体表现和竞技水平。

（二）排球运动速度训练的特点

第一，神经过程的灵敏性改善应从选材开始。动作频率的提高、移动速度的加快以及动作速度的增快，都对神经系统的工作过程产生决定性影响。神经系统的工作过程灵敏性及神经传导速度的提升是具有挑战性的训练目标。这些素质在成年时期的发展相对困难，效果不甚明显，而在儿童和少年时期进行速度素质的训练效果最佳。因此，选材时应考虑神经系统的特点，并尽早开始速度素质的培养。

第二，速度素质训练的效果与练习强度及个体动员能力息息相关。在进行速度素质练习时，运动员应充分动员自身的潜能，以实现动作的高频率和大幅度，达到个体的最高水平。因此，采用接近极限的强度对速度素质的发展具有良好的效果。对于在跑动动作掌握方面较为困难的排球运动员来说，将大强度练习与中上等强度(约85%)训练相间穿插是非常必要的。

（三）排球运动速度训练的方法

1.局部速度训练

在排球运动中，运动员的反应主要表现为三种类型：简单的信号反应、简单的预测反应和复杂的选择反应。简单的信号反应指接球员在获得同伴传球后，能够迅速选择扣杀或传球；简单的预测反应指接球员在看到同伴传球后，能够迅速移动至预测的球落点位置，并做好准备动作；复杂的选择反应指运动员能够根据对手的变化，迅速作出正确的判断和选择。

在局部速度的训练方法方面，有以下两种主要方法：

(1)提高预测能力。通过提升运动员对时空动作相互影响的预测能力，如经验积累、技术和战术的完善等方式，使得运动员能够更准确地预见动作结果，从而作出更有预见性的判断，弥补反应速度的不足。

(2)缩短反应时间。通过强化各种专项技术动作结构的训练，来缩短动作反应时间，特别是关键动作的反应时间。

2.动作速度训练

排球运动的技术动作通常可分为两种，即单一技术动作和组合技术动作，单一技术动作是组合技术动作的重要组成部分，单一技术动作的表现直接影响组合技术动作的效果。

为提高排球运动员的动作速度,可采取以下两种训练方法:

(1)提高完成动作的频率:在规定的时间内完成动作的次数,或者在规定的动作次数下逐渐缩短完成动作的时间。

(2)缩短完成动作的时间:重点加强单个动作的关键环节,或者加强某组合动作中每个环节的衔接,以确保组合动作的流畅完成。

3.位移速度训练

排球运动员的位移并不具有固定的周期性,而是直接受到位移速度、运动频率以及各项技术动作幅度的影响。因此,在确定运动频率和技术动作幅度时,应根据运动员的身体条件、技术水平和身体素质等实际情况进行综合考虑。

(1)动作幅度的训练方法。动作幅度的训练方法主要通过改进技术动作来全面提高动作幅度。这意味着通过技术动作的改进,进一步提升身体的灵活性,利用运动员自身的条件来增加动作的幅度。

(2)动作频率的训练。动作频率的训练方法则是在确保一定动作幅度的前提下,通过改进技术和提高身体素质,增加单位时间内完成动作的次数。

4.综合速度训练

(1)全面提高排球运动员的个人技术。运动员应该具备扎实的基本功,能够熟练运用各项基础动作,并通过多种方式提高个人的运动技术水平。

(2)加强配合速度的训练。加强队员之间的配合速度训练,建立默契配合,以提升整体配合水平。

(3)培养排球运动员的战术反应速度。在排球比赛中,战术反应速度对比赛结果至关重要,快速反应能影响动作的效果甚至比赛的胜负。教练应对运动员严格要求,加深他们对比赛规律的认识,通过熟悉各种战术配合,减少反应时间,使运动员能够在短时间内快速作出战术反应。

第二节 排球运动的耐力与灵敏训练

一、排球运动的耐力训练

（一）耐力素质的主要形式

第一，一般耐力素质。提高一般耐力素质的途径包括提高运动员的摄氧、输氧及利用氧的能力，以及保持体内适宜的糖原和脂肪储存量，同时提高肌肉、关节、韧带等支撑运动器官长时间负荷承受能力。

第二，专项耐力素质。专项耐力素质是指在排球运动训练或比赛中，在特定时间内全面提高效率的能力，其中效率提高的程度体现了专项耐力素质的高低。运动员的无氧耐力水平取决于有氧代谢的情况。

在安排专项耐力素质训练时，必须全面了解和认识专项总体代谢的特点。在实际训练中，不仅要坚持长时间训练，还要确保训练质量和数量的保持。

（二）排球运动一般耐力的训练方法

第一，循环负荷训练法。循环负荷训练是将特定的训练任务有效地分解为若干不同的训练阶段，运动员需要根据每个阶段的目标有针对性地完成任务。

第二，持续负荷法。持续负荷训练的核心在于维持最大吸氧量水平，提高身体的有氧代谢水平，心率保持在大约150次/分钟左右，通常采用匀速跑、变速跑和超越跑等方法。

第三，重复负荷法。重复负荷训练的基础是在无氧代谢状态下进行。心率在每10秒内超过28次，组间休息约5分钟，待心率降至每10秒约15次后，再进行下一轮负荷刺激。

第四，变换训练法。变换训练方式包括改变运动负荷、练习内容、练习形式和条件，以提高运动员的积极性、趣味性、适应性和应变能力。

（三）排球运动专项耐力的训练方法

1.有氧耐力训练

在进行有氧耐力训练时，可采用匀速持续跑、变速跑、间歇跑、越野跑、快速跳绳以及水中快速走等形式。

（1）在匀速跑中，要尽量保持运动负荷的持续性，运动时间应保持在1小时以上，心率维持在约150次/分钟左右，进行连续的匀速跑。

（2）进行变速跑时，跑速、距离和锻炼地点应根据专项任务要求来确定。

（3）进行间歇跑时，训练时间不宜过长，确保身体在未完全恢复的情况下即可进行下一次训练，整个训练时长应保持在30分钟以上。训练后可采用快走或慢跑放松身体。

（4）进行越野跑时，一般在山地、林地、山坡、公路等地进行，距离和速度应根据专项要求进行调整。

（5）进行快速跳绳时，一般采用两臂正摇方式进行约3分钟的快速跳绳，间歇时间约为5分钟。

（6）进行水中快走训练时，一般在水深30～40厘米的浅水池中进行，每组走200～300米，组间间歇时间约为5分钟，共进行4～5组。

2.无氧耐力训练

无氧耐力训练通常采用反复跑、反复起跑、原地或行进间车轮跑、高抬腿跑转加速跑、原地间歇高抬腿跑、计时跑等方法。

（1）反复跑训练时，应根据不同距离如60米、80米、100米、120米等进行跑动，次数和距离应根据运动员水平确定，一般每组4次，间歇时间为4分钟。

（2）反复起跑训练一般采用蹲踞式或站立式起跑，组间间歇时间约3分钟。

（3）原地或行进间车轮跑训练，每组约60次，进行约7组，组间间歇时间约3分钟。

（4）高抬腿跑转加速跑训练，首先进行约20米的高抬腿跑，其次进行约80米的加速跑，重复约7次，组间间歇时间约3分钟。

(5)计时跑训练根据距离确定重复次数，一般约5次，组间间歇时间约4分钟，根据运动员水平和距离可以调整训练强度。

3.肌肉耐力训练

在排球运动员的耐力素质训练中，常采用的肌肉耐力训练方法有以下三种：

(1)连续半蹲跑。进行连续半蹲跑时，要求运动员保持半蹲姿势，全力向前冲刺约60米，重复6次，组间间歇时间约为4分钟。在训练中未规定跑动速度，跑至终点后可步行回到起点，也可以进行贴墙手倒立15秒。

(2)1分钟立卧撑。进行1分钟立卧撑的训练时，首先以直立姿势开始，然后下蹲双手撑地，接着伸直双腿做俯卧撑，最后再收腿站直。每次训练的强度是一分钟，大约进行5组，组与组之间的休息时间为约5分钟。特别需要注意的是，要确保动作的完整性，不能有任何步骤的省略。对于身体素质较强的运动员，可以考虑穿戴沙背心进行训练，增加强度，组间休息时间可延长至10分钟。

(3)重复爬坡跑。进行重复爬坡跑运动训练时，选择一些坡度约为15°的斜坡，最好坡长在250米左右。每次训练进行约5次左右，组间休息时间大约为4分钟。运动强度应根据个人身体素质来确定，一般要求最大速度的65%左右。

4.混合耐力训练

在排球运动专项耐力素质训练中，采用了有氧和无氧混合的训练方法，主要包括以下三种：

(1)力竭重复跑。这种训练方法通常采用比赛距离略长的距离进行训练，全力跑动达到100%的强度。训练次数应根据个人身体素质而定，但每次跑动之间的组间间歇时间必须确保。

(2)俄式间歇跑。在这种训练中，组间间歇的休息时间应保持一致。初期阶段应给予充分的休息时间，随着运动水平的提高，中间休息时间可逐渐缩短。

(3)持续接力。运动员进行大约150米的全力冲刺跑,并且安排4组人员轮流进行接力。在训练过程中,必须注意安全和团队协作。若运动员人数充足,则可以有效地分为若干个训练小组。

以上三种方法都有助于提高排球运动员的耐力素质,但在实践中应根据具体情况进行调整和适应。

二、排球运动的灵敏训练

灵敏素质是综合体现了人体的运动技能、神经反应以及身体活动能力,是协调身体素质发挥和提高运动成绩的重要基础。在排球运动中,运动员需要在突发情况下及时作出身体调整,作出正确、灵活的判断和动作反应。

单纯地说,灵敏素质并不存在,其表现需要通过具体的技术动作来展现。灵敏素质高的人能够随时控制自己的身体器官,灵活地完成正确的动作。

因此,在排球运动中,灵敏素质的表现取决于运动员的技术水平和动作的准确性,对于运动员来说,不仅需要具备身体素质的训练,还需要注重技术动作的细节和训练。

(一)灵敏素质的主要形式

灵敏素质可根据其与专项运动的关系分为一般灵敏素质和专项灵敏素质。

第一,一般灵敏素质:一般灵敏素质是灵敏素质发展的基础,指的是在各种活动中,人体能够在突然变换的条件下,准确、迅速、合理地完成各种动作的能力。

第二,专项灵敏素质:专项灵敏素质是在一般灵敏素质的基础上,通过对技战术的训练进行无限重复而形成的。简单来说,专项灵敏素质是指运动员在专项运动的过程中,能够准确、迅速、流畅地完成各种技战术动作的能力。

这两种灵敏素质相辅相成,对于运动员的整体表现和竞技成绩都有重要影响。

（二）影响排球灵敏素质的因素

第一，性别。进入青春期后，男性的灵敏素质通常高于女性。随着女性进入青春期，其灵敏素质会明显下降，这种下降可以归因于多种因素，如体重增加、有氧能力下降以及内分泌系统的变化等。根据这种变化规律，在青春期之前就应该加强女性的灵敏素质训练，以更好地促进其灵敏素质的发展。

第二，体型。专项运动技能与身体形态密切相关。在排球运动中，由于网高的限制，会要求身材相对高大的运动员参加比赛，因为这种身材有利于排球运动中专项技战术的发挥。一般来说，“O”型腿和“X”型腿的人缺乏一定的灵活性，而身材过高、过瘦或过胖也会影响人体的灵活性。

第三，体重。脂肪和肌肉细胞的增长对人体体重影响最为显著。肌肉细胞的增长是通过锻炼获得的，而脂肪的增长则主要来自日常饮食。饮食中的能量除了满足身体的需求外，多余的部分会转化为脂肪。当体内脂肪含量过高时，会一定程度上影响肌肉的灵活性。因此，我们应通过合理训练增加肌肉比例，并采用低热量饮食以减少脂肪含量。

第四，情绪。情绪的变化会直接影响人的灵活性。情绪高涨时，身体充满能量，表现轻快灵活，对完成动作充满信心。然而，情绪低落时，灵活性也会降低。优秀的运动员应学会调节自己的情绪状态，保持竞技状态中的情绪平衡。尽管情绪的波动难以预测，但通过加强心理训练，提高对环境的适应能力，可以更好地应对情绪变化，保持竞技状态的稳定性。

第五，疲劳程度。练习灵敏素质的最佳时机通常是在身体处于兴奋状态或者体力相对充沛的时候。疲劳会逐步降低神经中枢的灵活性，导致大脑皮层能量供应不足，从而使肌肉兴奋性下降，表现为反应迟钝、速度下降、动作不协调、灵敏性降低等现象。

第六，运动技术的熟练程度及运动经验。通过长期学习和实践，积累丰富的运动经验可以增加身体素质和技术动作的储备，为促进灵敏素质的全面发展提供良好基础。

第七，其他身体素质的发展水平。在神经中枢的调控下，肌肉活动能力与灵敏素质密切相关。身体素质中的力量、柔韧性、耐力和协调性等方面，任何一项素质的不足都会对灵敏素质产生负面影响。

（三）排球运动灵敏训练的方法

第一，手足协调训练。这项训练包括以下内容：①两臂分别向前、向后绕环。②按照教练的口令，进行两臂的动作，保持同顺序但起始节拍不同。例如，左手前平举，右手在体侧不动；左手上举，右手前平举；左手侧平举，右手上举；左手放下体侧，右手侧平举；左手不动，右手还原。③连续跳跃时，两足开立、并拢，双手从体侧平举至头上击掌，最后还原。分足跳时，双手头上击掌；并足跳时，双手侧平举。④进行连续交换的单足跳跃。前踢腿时，双手够足尖；后踢腿时，双臂上振。一条腿前踢，落地后换另一条腿踢，依次循环进行。

第二，结合球的训练。这项训练包括以下内容：①持球躺在地板上，自行抛球后迅速起立接住球；②将球用力向地面击打，待其反弹后迅速钻过，根据反弹次数尽可能多地进行钻过；③进行各种鱼跃或滚翻动作以救球；④连续接教练扣球、吊球和扔球的各种传球练习。

第三，结合排球场的训练。结合排球场的地形和基本技术，设计多样化的训练练习，有助于提高灵敏素质。例如，以两人一组的方式，将全队分为多组站在场地边线上，等待信号。一人扮演“羊”，另一人跳过并立即从背后钻出，然后两人拉手跑至另一边线，交换角色后再跑回，比较各组完成的时间，以观察哪组速度更快。

第四，垫上训练。在体操垫上进行各种灵敏练习，如前滚翻接后滚翻、鱼跃前滚翻跃过1人、2人或4～5人、前滚翻接跪跳起接绕腿坐、直腿前滚翻接后滚翻推起成倒立等。这些练习有助于提高运动员的灵活性和协调性。

第五，连续跨“山羊”。部分运动员站成“一”字形或圆形，相距3～5米，并进行报数。单数运动员侧身站立，双手握住踝关节成“山羊”式；双数运动员面朝前，双脚开立略比肩宽。其他运动员依次交替跳过“山羊”和穿过腿间，然后交替以“山羊”式或“开裆”式站立。这种训练有助于锻炼运动员的敏捷性和协调能力。

第六，立卧撑跳转体。这项训练将俯卧撑、起跳和空中转体三个动作组合在一起，首先完成立卧撑动作，然后立即进行原地挺身跳，完成一个180°的空中转体动作。

第七，跳起收腹。这项训练将跪式跳、蹲式跳和空中收腹三个动作固定组合。运动员首先完成跪跳或蹲跳，然后在空中收腹，使身体在跳跃中保持稳定。

第八，复式鱼跃障碍。这项训练将深蹲式、半蹲式和站立式姿势与鱼跃动作结合，根据需要设置不同高度的障碍。运动员需要连续以规定的动作鱼跃越过障碍物，锻炼其爆发力和灵活性。

第九，低姿势钻栏架赛。在球场中线和限制线上设置四个低栏架，将运动员分成两组，排成两列。比赛开始后，每组的排头运动员依次钻过两个低栏架，然后快速折返到起点拍击下一位运动员的手掌。全队运动员依次完成，速度快者为胜。

第十，蛙跳鱼跃组合。将运动员分成三组，在端线上排成纵队。比赛开始后，每组的排头运动员进行两级蛙跳，然后做两个原地鱼跃动作。完成后迅速返回并拍击下一位运动员的手掌，依次进行，最快完成者为胜。组数和次数可以根据运动员的兴趣和能力进行调整。

（四）排球运动灵敏训练的要求

1.符合专项训练特点

排球运动员专项灵敏素质练习的内容应当根据排球运动技术与战术的特点以及比赛的要求来确定。由于排球运动技术和战术形式的多样性、复杂性和瞬时性，运动员的灵敏素质需要在脚步起动移动、身体重心变化、身体变向调整等方面得到充分体现，要求练习涵盖不同身体姿势下的起动、移动、制动、变向等动作，并包括全身性的蹲、立、跳跃以及侧向翻滚、前扑、后倒、鱼跃等动作,以确保练习具有明确的专项动作特点。

在采用这些练习内容时,教练应给予运动员复杂的变换信号,使运动员能够通过合理的判断来完成相应的动作。只有这样,这些练习内容才能够真正具备排球运动的特点。

2.采用多样练习手段

排球运动员专项灵敏素质的发展基于采用多种多样的练习手段。重要的是充分认识到运动员外在的灵敏素质与其内在的各系统、运动器官及其机能水平密切相关。排球运动员在比赛中展现的定向、定时能力以及动作准确、迅速变化的能力,都取决于其内在各系统和运动器官功能的水平。

提高人体各种分析器官和运动器官功能的关键在于通过多种多样的练习手段来实现。在提高排球运动员灵敏素质时,首要问题是力求练习手段的多样化。在实践中,无论采用何种手段,这些手段都应全面或有所侧重地体现出对提高下肢急停、变向、再起动速度性特点的促进,对提高机体调整身体方位、变化重心协调性特点的促进,以及对外界复杂变化及时相应应答的反应性特点的促进。

3.掌握多种运动技能

排球运动员专项灵敏素质的发展以掌握多种运动技能为基础。重要的是充分认识到大脑皮层的暂时性神经联系是动作技能动力定型的神经学基础。随着大脑皮层暂时性神经联系的增多,人体对外界的应答动作也会变得更加灵活。为了促进大脑皮层形成更多的暂时性神经联系,需要掌握大量的运动技能。

提高排球运动员灵敏素质的关键在于力求运动技能的多元化。不论是学习哪种运动技能,学习过程都应清晰地体现出促进条件反射和动力定型的特点,有利于不同运动技能之间相互迁移的特点,以及有利于提高灵敏素质和构成素质因子发展水平的特点。

4.合理安排训练过程

灵敏素质练习时间安排的合理性主要体现在整个训练过程的最佳时期、一个训练单元的最佳时机以及一次练习的时间范围。根据运动员的整个训练过程来看，7～13岁是发展灵敏素质的最佳时期，在这个阶段实施科学的灵敏素质训练，可以有效提高运动员的空间定向能力、反应能力和模仿能力。

从一个训练单元（训练课）的过程来看，课程的开始部分或前部是发展灵敏素质的主要时机。此时运动员精神集中，体力充沛，进行灵敏素质训练的效果会更好。

另外，从一次灵敏素质练习时间来看，将灵敏素质的练习时间控制在20分钟为宜。一次高强度的灵敏素质练习时间最好在20分钟以内。

第三节 排球运动的柔韧性与弹跳力训练

一、排球运动的柔韧性训练

（一）柔韧素质的主要形式

柔韧素质通常被分为一般柔韧素质和专项柔韧素质两种。

一般柔韧素质指的是适应各种项目身体、技术、战术训练所需的柔韧素质。它包括了机体各关节的活动幅度以及肌肉、韧带的伸展性。

专项柔韧素质则是某些特定运动项目所需的特殊柔韧性表现，掌握和提高专项技术对专门柔韧技术的要求较高。

在进行身体运动训练或比赛时，身体各个关节的活动幅度以及肌肉和韧带的伸展性都会得到充分展现。然而，不同动作对动作幅度和伸展性的要求各不相同，因此，柔韧素质被划分为专项柔韧素质和一般柔韧素质两种类型。

（二）排球运动柔韧训练的方法

排球运动员进行柔韧素质训练在外行人看来或许似乎没有必要，但实际上，增强柔韧素质能够改善排球运动员的肌肉伸展性和弹性，提高运动技术水平，并最大程度地减少运动损伤的发生。

常用的训练方法主要包括主动性训练法、被动性训练法和混合性训练法。

第一，主动性训练法是通过大脑的控制与指挥，使身体肌肉获得一定的收缩或舒张，从而产生一定的惯性，促使身体其他部位的肌肉得到相应的运动。

第二，被动性训练法则是借助外力（如器材、同伴的帮助），使肌肉被动地拉长或缩短，以达到运动训练的目的。

第三，混合性训练法结合了以上两种训练方式，既包括主动地拉伸与收缩，又包括被动地拉长或缩短，通过这种共同作用，能够进一步提高训练效果。

（三）排球运动柔韧训练的要求

排球专项的柔韧性训练需要尽早专门化。排球运动是一项对运动员灵敏性、协调性等要求极高的运动项目，通常还需要运动员具备高大的身材和发达的肌肉。因此，柔韧性训练应该从儿童时期开始，利用肌肉和关节尚未完全发育的时期，改善关节的柔韧性和灵活性，增加肌肉和韧带的柔韧性。从生理学的角度来看，灵活性的训练最好在少儿时期进行。提前进行柔韧性训练可以事半功倍，因此应该尽早专门化进行。

排球的运动训练需要学会坚持不懈。通常，排球运动员的柔韧性容易被忽视，但柔韧性训练常伴有剧烈的疼痛感，需要运动员具备坚定的意志力来支撑长期系统的训练。此外，柔韧性受力量、耐力和身体发育等因素影响，随着年龄增长，柔韧性会逐渐降低。因此，保持和改善柔韧性需要长期坚持不懈的努力。

二、排球运动的弹跳力训练

速度和力量确实是决定弹跳力的重要因素。为了提高弹跳力，需要在一定程度上发展速度和力量。弹跳力在排球运动中是至关重要的身体素质之一，它在一定程度上决定着运动员的水平。

（一）排球运动的弹跳力训练方法

1.“超等长”训练法

（1）跳深练习：包括从60～80厘米高台跳下、100～120厘米高台跳下、高台跳下后立即进行冲刺、高台跳下后立即跳起或跳起扣球，以及半蹲姿势从高台跳下后，跳起接教练抛出的球。

（2）蛙跳：包括进行三级、五级蛙跳或多级蛙跳。

（3）高台跳上跳下（单足与双足）。

（4）单足跨跳：可在锯末跑道上进行，或在软地如沙地、塑胶跑道等上进行。

2.跳跃练习方法

（1）连续移动后跳起，双手摸篮板两边或下沿。

（2）组成6人一组进行连续跳起拍击篮板接力赛（可分成两组进行比赛）。

（3）跳正方形皮筋：每个角站一个人，听到信号后沿逆时针（或顺时针）方向跳过皮筋互相追逐。

（4）双线跨跳：在地上画两条相距50厘米的平行线，队员可以用单足或双足进行各种前进或后退的跳跃，例如用双足从一条线跳到另一条线，然后再从另一条线跳回来，连续进行。

（5）各种徒手跳跃：在沙坑或软地上进行连续的原地双足跳跃、收腹跳跃、深蹲跳跃、助跑起跳等训练。

（6）跳绳：利用跳绳进行各种单人的单足跳跃、双足跳跃、双摇跳跃以及多人的跑动跳长绳等练习。

（二）排球运动的弹跳力训练要求

第一，身体协调能力和起跳技术对于发展弹跳力至关重要。在排球训练中，即使运动员具备较高的速度和力量指标，但如果缺乏良好的身体协调能力和起跳技术，其弹跳高度也会受到影响。因此，在训练过程中，需要注意以下四点:①在基础阶段,强调数量刺激,以增加肌肉量和发展力量;②在提高阶段,强调强度刺激,以改善肌肉的协调性,达到提高力量的目的;③在负重练习中,动作的角度和速度应与实际动作技术相匹配;④在跳跃动作和技术练习中,要仔细观察队员的起跳技术环节,并及时纠正错误的动作。

第二,腰背肌群和小腿、足弓肌群的训练对于提高弹跳力至关重要。腰背肌群在起跳动作的开始阶段发挥作用,有助于克服人体惰性,提高起跳初速度;而小腿和足弓在起跳离地前用力,推动身体加速,增加起跳高度。因此,弹跳力训练需要综合考虑这些肌群的锻炼,而不仅仅局限于大腿四头肌的训练。

第三,不同训练阶段应侧重不同。在基础训练阶段,应注重数量刺激,以增加肌肉量和力量;而在专项提高阶段,则应注重强度刺激,以提高肌肉质量,达到提高弹跳力的目的。这种分阶段的训练侧重是合理的,有助于运动员在不同阶段实现有效的训练效果。

第四,弹跳力训练应结合专项技术动作的结构特点。负重蹲起等力量训练动作的结构和要求应与专项运动技术的跳跃动作相匹配,否则可能会影响训练效果甚至导致消极转移现象。这一点强调了训练动作的准确性和专业性,有助于提高训练的有效性。

第四节 排球运动核心稳定性与心理素质训练

一、排球运动核心稳定性训练

排球运动确实是一项竞技类运动,对运动员的核心肌肉力量要求较高。核心肌肉的稳定性和平衡性对于比赛结果有直接影响,因为它们支撑着运动员的整体姿势和动作执行。通过训练核心稳定性,可以提高排球运动员的稳定性,从而有效地提高运动能力。

在排球比赛中,突发状况经常发生,这对运动员的灵敏度、反应能力和应变能力提出了极大的挑战。运动员的身体素质包括核心稳定性在内,是应对这些挑战的关键。因此，确保运动员的核心稳定性在训练中变得至关重要。

（一）排球运动核心稳定性训练的作用

核心稳定性是运动训练中的关键因素，其确实利用腰椎、盆骨和髋部周围的肌肉和韧带产生稳定力量。这种稳定性不仅有助于保持身体平衡，还能确保专项技术动作的发挥，对于运动员在发力时起到关键作用，是上肢和下肢协同作用的中心。

核心稳定性的训练重点在于腰椎、盆骨和髋关节周围的肌肉和韧带，通过锻炼这些区域可以逐渐改善身体的稳定性。此外，身体的核心稳定性会因运动动作的不同而产生变化，这对于运动员的专业动作具有重要影响。因此，对排球运动员来说，训练核心稳定性是非常必要的。

核心稳定性的训练可以协调运动员的身体，增强其身体控制力和平衡能力，从而全面提升运动员的技术水平。核心稳定性对排球运动员训练有以下作用：

1.提高肌肉爆发力

人体的中间部位拥有最强大的肌肉群，这些肌肉群蕴含了较多的能量。在进行排球运动时，运动员的身体中间部位可以调动周围的肌肉群，将力量传输到身体的其他部位，从而实现各个部位力量的均衡分配，进一步提高运动效率。在排球运动训练中，例如发球和扣球过程中，运动员需要利用手臂挥动的力量，这需要较高的身体能量。因此，核心稳定性训练是加强核心肌肉群的有效方法。

核心肌肉群的发力可以向排球运动员的上肢输送能量，从而凝聚身体所有的力量，完成排球技术动作。通过进行核心稳定性训练，运动员的上肢、下肢和整体躯干都能够获得更强的力量。此外，经过训练的运动员相较于未经训练的运动员，在平衡性和稳定性方面更具优势。

2.保护脊柱和盆骨

排球运动员的稳定性主要依赖于腰椎和盆骨，因此，在进行核心稳定性训练时,保护脊柱和盆骨至关重要。身体的中间部位是上肢与下肢之间的重要纽带,在常规训练中,这一部位并不受手臂和大腿的影响,甚至可以调节姿态和保持平衡。进行核心稳定性训练时,保护腰椎和盆骨可以增强二者的平衡作用。

排球运动正处于不断发展的过程中,比赛对运动员身体的平衡性和稳定性要求也在变化。在一些关键环节,如赛前准备、发球、传球、扣球和垫球等,运动员的身体核心稳定性不佳可能导致重心不稳和身体摇晃,影响比赛结果。

3.减少肌肉损伤与能量消耗

在排球运动训练中,运动员的身体能量消耗极大。当运动员靠近球并且脚蹬起来离开地面的瞬间,他们的腿部支撑需要释放最大限度的爆发力和速度。这个过程往往会对身体造成一定损耗,主要表现为能量消耗和肌肉损伤。经过核心稳定性训练的运动员,在这方面具有优势,因为他们的身体平衡力和四肢协调性经过了充分的锻炼,核心肌肉群得到了加强,能够以最小的能量完成最高质量、最高难度的技术动作。长期进行核心稳定性训练可以使运动员在比赛中更准确、更迅速地发力,确保整个肌肉群都处于正确位置,从而减少不必要的肌肉损伤。相比之下,未经过核心稳定性训练的运动员往往在靠近球时腿部过于活动,导致下肢肌肉一直处于紧张状态,消耗大量能量却无法取得良好的运动效果,甚至可能造成肌肉损伤。因此,可以明显看出,核心稳定性训练对排球运动员至关重要。

(二)排球运动核心稳定性训练的方法

1.单一器械训练

单一器械训练是在脱离器械式的个人训练基础之上,利用单个器械来训练核心稳定性的应用。其目的在于增加排球运动员身体深层次肌肉的参与度,并通过对身体的有效控制来维持标准的运动姿态。例如,运用平衡球、平衡板等轨迹练习器械来提升身体力量。通过这种训练,可以有效提升运动员的身体力量和运动技能,从而替代了依赖外部力量支撑身体的情况,并改变了以往依靠核心力量进行训练的方式。

2.脱离器械式的个人训练

脱离器械式的个人训练属于个人的核心力量训练。其目的在于让排球运动员更好地利用身体本身的核心肌肉发力,有效地控制身体。在训练过程中,要求运动员不使用任何相关器械,例如,仰卧屈膝举腿即为此类训练之一。然而,这种不借助器械的个人训练只是核心稳定性训练的初级阶段。因此,在排球运动训练中,大多数教练将其视为基础性的核心稳定性训练。

3.多种器械相配合的训练

多种器械配合使用的目的是有效提高排球运动员在训练过程中的整体难度,同时确保他们能够更好地控制自己的身体状态,并保持正确的身体姿态。在排球运动员的训练中,站在平衡球上进行双脚或单脚的动作,如身体向上抬举和向下蹲,能够增加训练的难度,并有效提高运动员的核心稳定性。

4.利用普拉提进行的训练

普拉提是一种综合性有氧运动,融合了东西方运动特点。它结合了西方肌肉、机能训练的"刚",以及东方倡导的身心统一的"柔"。在普拉提训练中,可以自由选择训练场地和动作,这使得训练更加灵活。通过普拉提训练,可以扩张肌肉、通过腹式呼吸实现身心的协调。普拉提被广泛认为是中强度肌肉群体参与的训练。它能够显著改变排球运动员的身体结构,使其能够感受到各个肌肉群的舒展、收缩和控制。类似普拉提这样的综合性力量训练,不仅促进了排球运动员身体协调性和稳定性的提升,还有效地保证了运动员动作的标准化。

普拉提训练在提高排球运动员身体素质和加强自我控制方面发挥着重要作用。其中,腹部呼吸被视为核心动作,其通过激活大脑促进思维的积极参与。在普拉提训练中,排球运动员通常遵循小幅度、多次数的原则进行训练。这种方法不仅包括静态训练,也包括动态训练,目的在于增强整体训练难度,提高训练效率,以及加强核心的稳定性。

首先，腹部呼吸是普拉提训练的核心动作之一。通过专注地控制和调整呼吸，排球运动员能够更好地调动身体的内在力量，从而实现身体素质的提高。这种深层次的呼吸不仅有助于氧气的供应，还能够增强肌肉的灵活性和力量。更重要的是，这种专注的呼吸也有助于排球运动员保持冷静，增强自我控制能力，使他们在比赛中更加沉稳。

其次，普拉提训练的另一个关键点是遵循小幅度、多次数的原则。这种训练方式旨在通过反复练习同一动作，逐渐加深对肌肉的认知和控制，从而提高训练效果。不仅如此，这种小幅度、多次数的训练也有助于增加排球运动员的耐力和灵活性，为他们的比赛表现提供稳定的支持。

最后，普拉提训练涵盖了静态和动态训练，以增强整体难度。静态训练注重姿势的保持和控制，有助于排球运动员建立起核心稳定性。

普拉提最初被设计为一种用于舞蹈者的核心力量训练方法，然而，它的应用范围已经扩展到其他运动项目，其中包括排球运动训练。在排球运动领域，普拉提已被广泛认可为一种有效的训练方式，其主要目标是改善运动员的姿态和基础力量，从而提升整体实力水平。核心稳定性训练在排球运动员的训练中占据着至关重要的地位，因为一个强健的核心不仅能够提高运动员的爆发力和稳定性，还有助于预防运动损伤。

普拉提训练的核心概念是通过一系列特定的动作和体位训练来加强核心肌群，这些肌肉包括腹肌、腰部肌肉和背部肌肉。通过定期进行这些练习，排球运动员可以逐渐改善他们的核心稳定性，从而使他们在比赛中更加灵活、稳健，并且能够更有效地执行技术动作。与此同时，普拉提还可以帮助排球运动员更好地控制他们的呼吸和身体平衡，这对于一项需要高度专注和精准动作的运动尤为重要。

然而，普拉提训练并非一劳永逸，而是需要根据运动员的不同阶段和个体特点有序进行。在初学阶段，重点可能会放在基本姿势和核心肌肉的基本激活上，以确保运动员建立起正确的动作基础。随着时间的推移，训练的难度和复杂度可以逐渐增加，以挑战运动员的核心稳定性和力量水平。因此，普拉提训练需要与排球运动训练的其他方面结合起来，形成一个全面的训练计划，以确保运动员在各个方面都得到充分的发展和提高。

此外，普拉提训练的成功实施还需要考虑到运动员的个体差异和需求。不同的运动员可能具有不同的体型、力量水平和运动技能，因此，训练计划应该根据每个运动员的特点进行个性化调整，以最大程度地发挥他们的潜力和优势。这可能涉及针对特定运动员的定制化动作，或者在训练过程中提供个性化的指导和反馈。

二、排球运动的心理素质训练

（一）排球运动心理素质训练的作用

在排球比赛中，运动员之间不仅仅是技术、战术的较量，更是心理技能的抗衡。心理因素是运动员或学生在教学、训练和比赛中控制、调节自己的生理活动与技术动作的主导因素。

第一，心理素质训练确实能够提高个体的心理活动水平。若心理活动水平不足，个体可能无法有效地控制和调节生理活动及技术动作，即便具备良好的身体素质和技术水平，也难以充分发挥其潜力。反之，若心理活动水平过高，可能会影响个体的心理状态，导致心理紧张，进而影响肌肉动作，造成过度用力或动作失误，影响比赛或训练的表现。

第二，心理素质训练也能有效控制心理活动的强度。在运动实践中，个体在比赛或训练中不仅需要消耗大量体力，心理强度的调节也至关重要，因为它直接影响着技术水平等能否得以充分发挥。教练在运动训练中应给予运动员一定的心理训练，以确保他们的心理活动水平与身体素质、技术动作的同步发展和提高相匹配，从而更好地适应比赛的要求，并保持身心力量的协调性。

第三，心理素质训练确实能够帮助个体熟练掌握和改进动作技能。在体育教学和运动训练中，学生的运动技能学习不仅涉及肌肉活动的训练，还涉及心理运动训练。

第四,心理素质训练对于消除疲劳和恢复体力确实具有积极作用。研究表明,进行五分钟的心理自我调整训练后,运动员的身心恢复情况与一小时的自然睡眠或传统的恢复方法相当。这表明心理素质训练能够借助神经与肌肉之间的相互适应效应,对个体的心理产生积极影响,从而促进身心的有效恢复。

(二)排球运动心理素质训练的方法

1.理论训练法

(1)表象训练法

表象训练法在运动员、体育运动心理学工作者以及教练中广泛应用,是心理素质训练的核心组成部分。这种方法通过暗示语对头脑中的特定运动情境进行反复暗示,以促使运动员产生相应的应激反应,从而提升情绪控制能力。经过表象训练后,运动员能够形成正确的动作定型,加深记忆并掌握动作技巧。在比赛前进行表象训练能够激发运动员的积极性,增强获胜信心,使其以饱满的精神参与比赛,同时对缓解肌肉酸痛也有一定作用。

念动现象和心理神经肌肉理论是解释观念运动反应的重要理论基础。根据这一理论,神经冲动通过大脑皮层的激活传递到肌肉,引发肌肉动作,从而产生所谓的观念运动反应。这种反应常在无意识或半意识状态下发生,通常由外界刺激或内在意识引发。表象训练,又称为回忆训练或想象训练,正是利用这一现象,通过暗示语进行有目的、有意识的训练。这种训练是建立在已有的运动表象之上的,旨在通过引导运动员在脑海中重演某个运动动作或情境,从而达到提高运动技能水平的目的。

语言暗示在念动训练中扮演着重要角色,它可以通过一系列套语刺激肌肉,直接影响神经中枢系统,从而促进神经肌肉的恢复联系。这种语言暗示可以激活神经元,使其释放相应的神经递质,从而加速神经冲动传导,促进肌肉的收缩和放松。通过念动训练,运动员可以更好地掌握动作要领,加强动作的记忆,并帮助动作定型,从而提高运动技能水平。

观念运动反应的特点在于其隐晦性,即动作并非由外界明显的刺激引发,而是由神经系统激发肌肉产生的不明显的动作。念动训练正是通过这种方式对运动员进行训练,使其能够在需要时迅速作出反应,而不受外界干扰的影响。此外,念动训练还有助于运动员维持最佳状态,特别是在赛前的表象体验方面。通过在脑海中重演比赛情景或进行运动动作,运动员可以提前感受到比赛的压力和环境,从而更好地调整自己的心理状态,保持最佳状态参与比赛。

第一,动作的准确性受到运动表象准确与否的影响,因为运动表象是运动技能形成的基础。运动表象的准确性需要通过反复练习来实现,这确保了运动员在实际运动中能够准确地执行所需的动作。

第二,需要结合动觉表象和视觉表象来形成运动表象。视觉表象提供了动作的外部轮廓和形态,而动觉表象则提供了关于动作力量、时间和空间等内部感觉。两者结合起来,可以更全面地构建出准确的运动表象。

在实践练习过程中,需要不断提醒学员进行自我检查和对比,这有助于他们更好地理解和掌握运动表象,促进其准确形成运动表象。

关于运动表象的形成时期,确实存在建立时期和相对准确化时期。在建立时期,运动员主要了解动作的大致轮廓,而在相对准确化时期,则需要更精细地掌握动作的力量、时间和空间等特征,这需要更多的练习和经验积累。

(2)认知调节训练法

认知调节训练是一种用于帮助运动员自我调节情绪的方法。它主要通过两个层面进行调节:一是从生理上进行调节,如放松训练;二是从认知层面进行调节,例如合理情绪调节训练和暗示训练。认知调节训练旨在使运动员能够有效地面对各种情境和问题。

认知调节训练法起源于20世纪50年代,也被称为认知—行为调节训练。

它在心理学领域起到了矫正作用，是临床心理学和实验心理学之间的桥梁。早期，实验学习理论是认知调节训练的主要依据。行为主义者和斯金纳的观点与认知调节训练有很多相似之处，但行为主义注重外显行为，较少关注情感和思维，因此在研究方法上存在不足。

一般情况下，认知行为调节的全过程包括以下四个阶段：

第一，探查阶段，其主要任务是全面了解服务对象的情况，包括其看待世界的角度、认知系统的形成等。

第二，教育阶段，心理学专家在这一阶段的任务是促使服务对象形成新的认知模式，并解决已存在的问题。

第三，巩固阶段，此时对服务对象进行强化训练，以巩固他们已经学会的认知行为。

第四，评价阶段，通过对服务对象行为变化和产生的积极意义进行评价和指导来结束整个过程。

这四个阶段相互交织，没有明确的界限，随着新旧问题的交替，这些阶段也会交替出现或实现跨越。

2.情绪控制法

（1）教练语言提示

教练的语言提示在运动中起着至关重要的作用。当运动员表现正常时，教练应使用积极的语言来肯定场上的表现，即使暂时落后也要进行鼓励，以维持队员的情绪稳定。在紧张的比赛中，教练需要提供具体的指示，甚至包括具体的动作要求，以帮助运动员应对局势。对于表现失常的运动员，教练应给予安慰，减轻其精神压力。而对于在场上松懈、不认真的运动员，教练的批评应中肯严厉，也可以采用激励的方式激发其斗志。

（2）教练行为暗示

教练的行为可以通过暗示来影响队员的情绪和表现：①教练的情绪稳定能够感染运动员，因为人的情绪易受他人影响。教练保持稳定的情绪可以传递给运动员,有助于维持整个团队的情绪稳定。②教练的语言应当精确有条理,这样可以使运动员保持冷静、沉着,并保持活跃的情绪。精准的语言指导能够让运动员清晰地了解自己的任务和目标。③教练在暂停时恰当地换人,能够给运动员以信心,保持他们的积极情绪。④教练在比赛中及时调整战术,改变场上局势,有助于稳定运动员的情绪。如果原定打法不利,那么教练必须迅速作出调整,以避免队员情绪波动,确保他们能够发挥正常水平。

(3)运动员间的语言调节和行为暗示

运动员间的语言调节和行为暗示对于整个团队的士气和表现起着至关重要的作用。互相鼓励和呼应可以增强全队的凝聚力和冲击力,使其形成更强大的整体战斗力。此外,运动员之间通过行动相互弥补,减少比赛中的漏洞,提高整体战斗力的同时也加强了团队协作和信任。

(4)队员自我调节

队员自我调节也是至关重要的。在比赛中,通过放松跑动、深呼吸等方式缓解紧张情绪,以及通过自我语言暗示来保持专注和顽强拼搏的精神,有助于应对各种挑战。同时,对于裁判的误判和队友的失误,自我调节也能帮助运动员保持冷静,不受干扰,继续努力。

此外,赛后的心理康复同样重要。运动员可以通过语言暗示、转移注意力、生物反馈训练法、想象放松、催眠、音乐等方式来减轻赛后的压力,恢复心理状态,以备接下来的挑战。这些调节方式有助于运动员更好地调整心态,保持良好的竞技状态。

3.模拟训练法

模拟训练,又称为脱敏训练或适应性训练,是一种模仿比赛场景的训练方法,旨在帮助运动员适应比赛环境,提升临场表现水平,并缓解比赛焦虑情绪。这种训练需要详细了解比赛场地、设备、观众、气候等外部条件,同时调节运动员的心理和生理状态。

模拟训练可分为两种:一是实战实景模拟训练,即尽可能模拟实际比赛条件，以提高运动员的适应能力。若条件允许，可让运动员在比赛场地进行训练，或到与比赛场地环境相近的地方进行训练。另一种是语言形象模拟训练，通过详细描述比赛场地和对手情况，借助录像、电影、图片等辅助，使语言更具体、更有根据，促进运动员形成比赛战术。

通过模拟训练，运动员可以更好地适应比赛环境，提高临场表现水平，从而增强竞争力。这种训练方法有效地结合了心理和生理调节，是训练中不可或缺的一环。

受不同项目影响，模拟训练采取多种方法。例如，与竞赛对手的实战训练更适合于一对一的项目训练。同时，模拟赛事场地条件等也可用于训练。在国际比赛中，许多运动员会进行一定量的模拟训练以增强效果。这种训练主要针对可能出现的情况、环境因素和作息时间安排等方面，有助于减轻运动员的紧张情绪。

(1)集中注意力训练方法

注意力的集中训练是提高训练效果的关键，其核心在于确定明确的目标，并全力以赴，不受外部环境的干扰。这种集中注意力的训练涉及意愿的强度和延长，以及注意力的集中强度和延长。精神和肉体机能对注意力的集中产生直接的影响，当精神状态不佳或肉体疲劳时，会影响个体维持和延长注意力的能力。此外，注意力的集中还受到多种因素的影响，包括情绪紧张、心理压力等。

为了提高训练效果，采取科学的方法进行注意力的集中训练至关重要。其中，采用关注周围物体、观察手表等方法进行训练尤为有效，尤其是注视分钟的训练。这些方法能够有效地增强个体的注意力效果，特别适用于精神状态不佳或注意力不集中的情况。通过这些方法进行训练，个体可以培养出更强的意志力和更持久的集中力，从而更好地应对各种比赛和训练任务。

在实践中，一些具体的注意力训练方法可以被采用。例如，通过专注于周围物体的细节，个体可以逐渐增强对外界信息的专注程度。

(2)智力训练方法

智力水平在运动员选拔中的重要性不可忽视,它应作为挑选优秀运动员的综合考量因素之一。尽管高水平的运动能力是选拔运动员的关键指标之一,但智力水平的综合考虑同样重要。深刻理解体育运动与智力发展之间的关系有助于选拔更具潜力的运动员。

(3)意志训练方法

在意志训练方面,有关训练方法的强化和增加难度是培养运动员果断判断能力的关键。通过这些方法,运动员能够在面对挑战时迅速作出正确的决定,提高应变能力。榜样的作用、自我命令和说服教育等方式也被证明是提升主观困难克服能力的有效方法。这些方法不仅能够增强运动员的自信心,还能够激发他们在面对困难时的积极态度。此外,通过变化训练难度和负荷强度的方法,可以有效提高克服困难的能力。这种训练方法可以激发运动员的潜能,并使其更好地适应各种挑战。系统的训练不仅可以提升运动员的自制力,还能够增强其他综合能力,如团队合作能力和心理素质。这有助于确保运动员在比赛中能够保持情绪稳定,发挥出最佳状态,从而提高整体竞技水平。

(4)表情调节方法

表情调节方法是一种有效的情绪调节策略,通过调整面部表情、姿态来影响个体的情绪状态。表情调节方法注重于面部表情和姿态的调整,因为人的内心状态往往会在外在表情中得以反映。情绪的变化会导致不同的面部表情和姿势,而通过采用表情调节方法,个体可以有意识地调整自己的情绪状态。例如,放松面部肌肉可以缓解焦虑和紧张,而微笑和想象开心的事情则有助于调整不良情绪。这种方法利用了面部表情与情绪之间的密切联系,通过主动调节面部表情和姿态来达到情绪调节的目的。

(5)活动调节方法

活动调节方法则是通过调整身体运动来影响情绪状态。这种方法依托于大脑和肌肉之间的双向信息传导,即肌肉活动可以影响大脑的情绪接受。个体可以通过调整运动的速度、强度、幅度、节奏和方向等因素来引发情绪状态的变化。举例来说，采用速度慢、幅度大、强度小的运动可以缓解紧张情绪，因为这种运动模式有助于放松身心。相反，采用速度快、幅度小、强度大的运动则可以维持或提高情绪的高涨状态，因为这种运动能够激发身体的活力和兴奋感。

(6)音乐调节方法

音乐调节方法是一种广泛应用的情绪调节技术，通过不同风格的音乐来影响个体的情绪状态。催眠曲等柔和音乐被用于帮助入睡，其缓慢的节奏和柔和的旋律有助于放松身心，减少焦虑和压力，为入眠创造良好的条件。而轻快的音乐则被用来缓解疲劳，其欢快的旋律和鼓舞人心的节奏能够提振精神，增加活力，让人感到更加愉悦和充满活力。此外，音乐还有助于使人保持情绪平衡。特殊节奏的音乐被广泛运用于心理治疗领域，通过特定的音乐节奏和旋律，帮助人们放松心理紧张情绪，减轻焦虑和压力，达到心理治疗的效果。运动员在比赛前也常常利用音乐来进行自我调节，调整自己的情绪状态，以达到最佳的比赛状态。

(7)呼吸调节方法

呼吸调节方法也是一种常用的情绪调节技术，通过控制呼吸来调节情绪。深呼吸是一种常见的呼吸调节方法，通过深吸气和缓慢的呼气来调节情绪，使人感到更加平静和放松。这种方法能够有效地缓解焦虑导致的呼吸急促，使人恢复平静。科学研究证明，快速的呼吸可以增加氧气供应，排出二氧化碳，从而使人感到更加兴奋和充满活力。然而，长时间的快速呼吸可能会导致身体失衡，因此在调节情绪时，放慢呼吸也是非常重要的，它有助于缓解紧张情绪，确保情绪保持平缓。

(8)颜色调节方法

颜色调节方法基于联觉现象，这种方法能够控制和调节个体的心理状态。紧张焦虑情绪可以通过特定颜色得到缓解，其中绿色、紫色和蓝色被认为是有效的调节色彩。通过改变饮料、毛巾和环境的颜色,人们能够更好地缓解情绪。这是因为色彩在心理上产生的影响,绿色能够带来平静和放松的感觉,紫色则有助于缓解紧张和焦虑,而蓝色则能够平复情绪,让人感到安静和安心。对于运动员而言,红色和黄色是调节精神状态的关键色彩。运动领域经常利用这一特性,比如将排球改成彩色球,这不仅能够促进运动员判断球的旋转,还能够调动他们的积极性。此外,排球运动服的多种颜色组合也是颜色调节方法的一种体现,通过服装色彩的选择,运动员可以在比赛中调节自己的心理状态,提升自信心和竞技表现。

(9)语言调节方法

语言调节,又称暗示调节,是通过各种暗示手段如手势、表情和语言等,刺激运动员的心理活动。这种现象普遍存在于日常生活中,能够有效地影响人们的心理和行为,并且也会对生理产生影响。暗示可分为积极和消极两种,包括自我暗示和他人暗示。在比赛前和比赛中,暗示的作用尤为显著,因此应该充分利用积极的暗示来维持运动员的心理状态。这意味着教练在引导运动员时,应该注重语言和行为的细节。积极的暗示可以激发运动员的信心和动力,提升他们的表现水平。同时,运动员也可以通过自我暗示来调节自己的心理状态,例如通过积极的内心对话来增强自信心和决心。然而,教练也需要注意自身的细节动作,避免给运动员带来消极暗示的影响。因此,教练在与运动员沟通时,应该注意语言的用词和语调,以及自身的姿态和表情,以确保传递的信息是积极的和鼓舞人心的。通过有效的语言调节,可以更好地激发运动员的潜能,提高他们在比赛中的表现水平。

(三)排球比赛心理素质的训练

1.赛前心理训练

在排球比赛中,运动员的心理状态确实始终处于高度紧张之中。然而,需要指出的是,不仅在比赛前,而且在日常训练过程中,运动员的心态和精神也会受到外界影响,只是在比赛临近时,这种影响更为显著。特别是比赛前几个小时，运动员心理状态的调整变得尤为关键。为了更好、更快地适应赛场环境，教练会根据不同的运动员情况，有针对性地加强心理训练。这种心理训练不仅仅包括积极暗示和自我调节，还可能涉及认知行为技巧和集中注意力的训练，以确保运动员能够在关键时刻保持冷静、专注和自信。

一般情况下，运动员的赛前心理状态主要有以下四种类型：

(1)积极振奋型

积极振奋型是一种对比赛非常有利的心理状态。在这种状态下，运动员精神状态极佳，他们对比赛充满信心，注意力高度集中，对比赛的任务和目的有着清晰的认识，能够准确评估自己技术上的优劣。他们怀着强烈的责任感渴望在比赛中发挥实力并取得胜利。运动员的心理和生理状态都保持着高度兴奋。运动员能够灵活地应对赛场上的变化，表现出可操控的战斗状态，从而可能带来超出预期的比赛成绩。

(2)胆怯紧张型

胆怯紧张型运动员在面对即将开始的比赛时，尽管兴奋，但往往难以完全掌控情绪，也无法有效集中精力迎接挑战。这导致他们缺乏对战胜对手的信心，从而使他们不能发挥出正常水平。特别是对于首次参加重大赛事或技能水平尚不成熟的运动员而言，这种情况更容易发生。教练对于比赛的重视程度，以及亲友和观众的关注，都增加了运动员的心理压力。这种心理压力会导致运动员产生紧张情绪，会出现心跳加速、呼吸急促、手脚发抖等。当生理机制失去控制时，大脑皮层的信息传递受阻，再加上无法正确平衡个人得失与比赛输赢的心理状态，很容易导致在比赛中失败。因此，这种紧张的心态对比赛极为不利。为了克服这种情况，运动员可以通过心理训练和专业指导来增强自信心，缓解紧张情绪，以更好地发挥出水平。

(3)淡漠消极型

淡漠消极型心态是一种极为不利的比赛心态。作为体育运动员，若缺乏赢得比赛的决心，以漠不关心的态度面对比赛，这是对体育精神的背离。在这种心态下，运动员的注意力分散，反应迟缓，无法投入比赛准备中。由于缺乏自信，无论比赛结果如何，运动员都表现出冷漠态度，甚至失去了参赛的意愿。要改变这种状态，运动员需要重拾对比赛的热情，并通过积极的心理训练和专业指导，树立目标并恢复战斗意志，以更好地投入比赛中。

(4)盲目自信型

盲目自信型心态指运动员在比赛开始前过于高估自己能力，简单地认为已经完全压制了对手，却未能正视比赛中可能遇到的困难。这种心态只会降低运动员的注意力，给对手制造获胜机会。因此，运动员应警惕盲目自信的心态。

2.赛中心理训练

虽然大部分球类运动是身体素质的对抗，但运动员的心理状态在赛场竞争中也至关重要。随着比赛形势的变化，运动员的心理素质成为获取胜利的关键。面对强劲对手，一些运动员能保持沉着冷静，根据比赛情况调整战术，控制比赛节奏。

然而，有些运动员难以适应激烈的比赛氛围，战局变化令其失去思路，紧张情绪影响动作表现，犹豫不决可能错失良机。在这种情况下，教练应及时指导，采用有效战术调节运动员的心理状态。

因此，除了身体素质，运动员的心理状态对比赛结果具有重要影响。针对不同心态，教练应提供适当指导，以确保运动员在竞技场上发挥出最佳水平。

3.赛后心理训练

比赛结束后，无论成败，运动员的心理情绪都会受到影响，尤其是在重大赛事中，获胜队的运动员可能经历1～3个月的兴奋期，他们会沉浸于喜悦之中。而失败队的运动员则会沉浸在沮丧中，可能导致心理创伤。

因此，必须充分重视运动员的心理状态。认真分析比赛结果，及时调整心态，并根据运动员的心理特征和意识倾向制定长期训练目标。

图书在版编目（CIP）数据

排球运动教学与训练研究 / 杜志峰著. -- 湘潭 : 湘潭大学出版社, 2024.3
ISBN 978-7-5687-1402-0

Ⅰ. ①排… Ⅱ. ①杜… Ⅲ. ①排球运动—发展—研究 ②排球运动—运动训练—研究 Ⅳ. ① G842

中国国家版本馆 CIP 数据核字 (2024) 第 051575 号

排球运动教学与训练研究

PAIQIU YUNDONG JIAOXUE YU XUNLIAN YANJIU

杜志峰 著

责任编辑：刘文情
封面设计：张　波
出版发行：湘潭大学出版社
社　　址：湖南省湘潭大学工程训练大楼
电　　话：0731-58298960 0731-58298966（传真）
邮　　编：411105
网　　址：http://press.xtu.edu.cn/
印　　刷：长沙印通印刷有限公司
经　　销：湖南省新华书店
开　　本：710 mm×1000 mm 1/16
印　　张：11
字　　数：202 千字
版　　次：2024 年 3 月第 1 版
印　　次：2024 年 3 月第 1 次印刷
书　　号：ISBN 978-7-5687-1402-0
定　　价：60.00 元